novum pocket

Brigitte Hoffmann-List

Jean-Pierre de Smet

Missionar der Indianer – Geliebter

novum pocket

Bibliografische Information
der Deutschen Nationalbibliothek:

Die Deutsche Nationalbibliothek
verzeichnet diese Publikation in der
Deutschen Nationalbibliografie.
Detaillierte bibliografische Daten
sind im Internet über
http://www.d-nb.de abrufbar.

Alle Rechte der Verbreitung, auch
durch Film, Funk und Fernsehen, fotomechanische Wiedergabe, Tonträger, elektronische
Datenträger und auszugsweisen
Nachdruck, sind vorbehalten.

Gedruckt in der Europäischen Union
auf umweltfreundlichem, chlor- und
säurefrei gebleichtem Papier.

© 2023 novum Verlag

ISBN 978-3-903382-47-3
Umschlagfoto:
Grandma Moses/Bridgeman Images
Umschlaggestaltung, Layout & Satz:
novum Verlag
Innenabbildungen:
Seite 21, 116: © Grandma Moses/
Brigeman Images
Seite 28, 38, 43, 48, 68, 82, 100,
110: © Getty Images

Die von der Autorin zur Verfügung
gestellten Abbildungen wurden in
der bestmöglichen Qualität gedruckt.

www.novumverlag.com

*Gewidmet meiner geheimen Beraterin,
Laura Ingalls-Wilder,
aus DE SMET in South Dakota.*

Inhaltsverzeichnis

Ein Ruf in der Nacht	9
Probleme mit den Indianern	22
Von Indianern gefangen	29
Die Befreiung	39
Besuche bei den Nachbarn	44
Glückliche Tage	49
Neue Siedler	69
Das Treffen von Laramie	74
Die Ermordung von Marshall Tom Smith	83
Sheriffs und Revolverhelden	91
Gebete – heidnische und christliche	94
Begegnung mit den Indianern	97
Das Treffen mit Sitting Bull	102
Eine Gemeinde entsteht	111
Nachwort	117

Ein Ruf in der Nacht

Sie waren gerade beim Abendessen. Der Wind fauchte und jaulte um das Haus, aber er konnte nicht herein zu ihnen. Er und die Kälte mussten draußen bleiben. Mutter stand auf und legte noch ein Scheit in den Ofen. Herinnen war es behaglich warm, aber draußen, so schien es Kathie, war die ganze Hölle entfesselt.

Plötzlich hörten sie ein Geräusch, das sich von den Geräuschen des Windes abhob. Es klang wie ein Ruf und das Schnauben eines Pferdes. Die schwarze Susan verkroch sich in der hintersten Ecke des Raumes. Vater stand auf, ergriff seine Flinte und öffnete die Tür. Zuerst konnten sie in der Schwärze und in dem wirbelnden Schneegestöber nichts sehen, und dem Ankömmling ging es wohl ebenso, denn er starrte in den Raum, als müsse er sich erst besinnen, wo er war. „Nur herein, herein!", sagte Vater, zog den Fremden in die Stube und warf die Tür wieder zu. Der Mann lehnte sich an die Holzwand und holte tief Atem: „Gelobt sei Jesus Christus!" „In Ewigkeit, amen!", sagte Mutter und half ihm auf einen Stuhl. „Bitte ziehen Sie Ihren Mantel aus, ich werde ihn dort am Feuer trocknen." „Ja, danke", sagte der Mann apathisch und knöpfte sich den dicken Mantel aus Büffelleder auf. Um den Hals trug er ein Band mit einem silbernen Kreuz. „De Smet!", rief Vater erstaunt. „Father De Smet!" „Woher kennen Sie mich?", fragte De Smet. „An Ihrem Kreuz natürlich; und ich habe Sie auch schon einmal gesehen." „Wo?", fragte De Smet. „In Oswego." „Du liebe Zeit – Lizette!", rief De Smet und sprang auf. „Ich darf das arme Tier doch nicht in der Kälte stehen lassen! Haben Sie einen Platz für sie in Ihrem Stall?" "Natürlich! Wir haben ein Pferd und eine Kuh, und daneben wird ein drittes Tier wohl auch Platz haben." Die beiden gingen in die Nacht mit dem brüllenden Sturm hinaus und kamen nach ein paar Minuten wieder. "So, nun ist auch Lizette gut versorgt, so wie ich", sagte er dankbar. "Sie können sich nicht vorstellen, wir froh ich war, als ich auf ein Haus stieß, durch dessen Ritzen ein Licht schimmerte! Ein bewohntes Haus! Das Ziel meiner Reise wäre ja Independence gewesen, aber bis dahin sind es ja noch 14 Meilen."

Mutter brachte heißen Tee mit braunem Zucker und belegte in aller Eile ein paar Brote mit kaltem Wildbret. "Bitte stärken Sie sich", sagte sie, "und trinken Sie viel Tee. Sie müssen ja halb erfroren sein!" Er machte ein paar Schlucke und sagte dann: "Ah, das tut gut! Endlich beginne ich wieder aufzutauen!"

Kathie betrachtete sein eigenartig schönes Gesicht, die braunen Haare, die ihm bis zu den Schultern gingen, und die strahlenden Augen, die immer wieder über die Familie glitten, während er dem Imbiss eifrig zusprach. "So etwas Gutes habe ich schon lange nicht mehr gegessen!", gestand er. "Es ist frisches Wildbret", sagte Mutter. "Mein Mann hat es vor ein paar Tagen einmal geschossen."

"Auf Ihren Reisen werden Sie wohl nicht regelmäßig essen können", sagte Mutter. "Nein, meistens nicht. Ich habe aber stets etwas Proviant bei mir, und wenn ich mich einem Indianerdorf nähere, werde ich immer sehr freundlich empfangen. Man wird dann zum Essen eingeladen. Je mehr man isst, desto wohlgesonnener sind sie einem. Nicht zu essen wäre eine Beleidigung, sie kennen aber das lästige Nötigen nicht. Was man nicht aufessen kann, darf man sich mitnehmen. Einmal war ich bei einer Familie eingeladen. Man setzte mir ein Gericht vor, das aussah wie eine ekelhafte Brühe. Es kostete mich große Überwindung, es zu probieren. Und dann – war ich ganz erstaunt, wie gut es schmeckte! Es war ein Eintopf aus Büffelzunge mit Kräutern und Kartoffeln."

De Smet hatte seine Mahlzeit beendet und sah die Familie erwartungsvoll an. Er wollte sicher mehr über sie und ihre Lebensumstände wissen. „Kommen Ihnen beim Jagen nicht die Indianer in die Quere?", fragte er. „Nein", sagte Vater, „bis jetzt noch nicht." „Sie müssen sehr mutig sein, sich hier anzusiedeln ..." „Wir haben Nachbarn", sagte Vater, „drei Familien, mit denen wir guten Kontakt haben. Es ist unsere geheime Hoffnung, dass hier einmal ein Ort entsteht mit einer Kirche, einer Schule, einem kleinen Geschäft ..." „Das hier ist Indianerland", sagte De Smet.

„Das Land gehört doch denen, die es bebauen", wandte Mutter ein, „das muss einem doch der normale Menschenverstand sagen!"

„Ganz so einfach ist das nicht", sagte De Smet sanft. „Die Indianer leben seit Jahrhunderten da. Das Land ernährt sie. Sie leben von Jagd und Fischfang. Der Büffel gibt ihnen alles, was sie brauchen. Felle für ihre Bekleidung. Leder für ihre Zelte, Fleisch – einfach alles. Und sie töten nur die Tiere, die sie benötigen. Wenn die Weißen hier einfallen, töten sie alles; aus reiner Jagdlust. Und natürlich auch mit dem Hintergedanken, den Indianern ihre Lebensgrundlage zu nehmen."

„Wie kann man dieses Problem lösen?", fragte Vater. „Was denken Sie?" „Ich denke Tag und Nacht daran, aber ich weiß es auch nicht. Ein schwacher Hoffnungsschimmer ist für mich, wenn die Indianer ihre Kinder in die Schule schicken. Dann lernen sie Lesen und Schreiben. Sie lernen alles über die Landwirtschaft, die verschiedenen Arbeitstechniken, und vielleicht ist es dann eines Tages so, dass sie in die Vereinigten Staaten integriert werden können. Das ist der einzige Weg, sie zu retten. Das wäre menschlich und gerecht. Ich hoffe und bete, dass das irgendeinmal so sein wird.

Oft stelle ich mir in Gedanken vor, wie dieses fruchtbare Land bewohnt sein wird. Es gibt alles her, was der Landwirt braucht. Farmen mit Obstgärten, Schafherden, Rindern, ..." „Und jede Menge Hühner", fiel Kathie ein, die Hühner über alles liebte. „Natürlich Hühner!", lächelte De Smet ihr zu. „Städte werden entstehen, die Farmer werden sie mit allem versorgen.

Aber was wird mit meinen Indianern? Werden sie da mithalten können? Ich habe so große Angst, dass man sie aus dem Land vertreibt, in dem ihre Väter und Vorväter begraben worden sind."

Sie alle schwiegen eine Weile. Jeder hing seinen eigenen Gedanken nach.

Dann ergriff De Smet wieder das Wort. „Das Schönste, was ich zu diesem Thema je gehört habe, stammt aus dem Munde eines Indianers. Sein Name ist Red Jacket. „Die Indianer sind Redner?", fragte Mutter erstaunt. „Ja", sagte De Smet, „und sie haben eine sehr poetische Art, sich auszudrücken. Darf ich Ihnen diese Rede, so weit ich sie im Gedächtnis habe, wiederholen?" „Wir bitten Sie darum", sagte Vater.

„In früheren Jahren wohnten wir hier frei und jagten den Büffel, den Hirsch und auch andere Tiere, weil wir sie zur Nahrung brauchten. Wir ernteten Mais für unser Brot. Dann kamen die Weißen. Es waren nur wenige. Sie baten um ein wenig Platz. Wir gaben ihnen Mais und Fleisch. Sie im Gegenzug gaben uns Gift – Feuerwasser. Und damit hatte das Volk der Weißen unser Land entdeckt. Immer mehr kamen in unsere Mitte. Zuerst fürchteten wir uns nicht. Wir hielten sie für Freunde. Schließlich schwoll ihre Zahl gewaltig an. Sie verlangten unsere ganze Heimat.

Es ist nun so: ihr seid groß geworden, und wir haben kaum einen Platz, irgendwo eine Decke auszubreiten. Ihr habt unser Land in Besitz genommen, doch damit seid ihr nicht zufrieden. Ihr möchtet uns auch eure Religion aufzwingen.

Wie wir hören, ist eure Religion in einem Buch niedergeschrieben. Wenn dieses auch für uns bestimmt wäre, warum hat der Große Geist es uns dann nicht auch gegeben? Wie sollen wir wissen, ob wir dir glauben können, wenn wir doch von den Weißen schon so oft betrogen worden sind? – Du sagst, es gibt nur einen Weg, den Großen Geist anzubeten und ihm zu dienen. Wenn es nur einen Glauben gibt, wieso herrscht dann unter den Weißen so eine große Uneinigkeit darüber?

Wir haben eine Religion, die unseren Vorvätern gegeben worden ist, und auf uns, unsere Kinder vererbt worden ist. Über Glaubensfragen streiten wir uns nie. – Der Große Geist hat alles geschaffen. Er hat in vielen Dingen einen großen Unterschied zwischen uns gelegt. Sollten wir nicht daraus folgern, dass er uns auch eine andere Religion gegeben hat? Der Große Geist macht keinen Fehler. Er weiß, was für seine Kinder das Beste ist.

Wir möchten eure Religion nicht zerstören. Wir möchten nur, dass wir der unseren weiterhin folgen können."

„Wie wunderschön!", flüsterte Kathie. „Ja, es ist wunderschön", sagte Father De Smet, „aber es ist direkt gegen mich gerichtet. Es heißt im Klartext: wir wollen deine Religion nicht."

Er lehnte sich zurück und schloss die Augen. Es war im Zimmer dunkel geworden, nur das Feuer brannte noch und warf seinen Schatten an die Wände. Auch Vater und Mutter waren ergriffen. „Ich kann es nicht glauben, dass dieser Text von einem Indianer stammt", sagte Mutter. „Wenn ich an Indianer denke, denke ich nur an die Gräueltaten, die sie verüben." „Weil sie dazu gezwungen sind", sagte De Smet, „sie rächen sich an den Weißen, die ihnen immer wieder alles wegnehmen."

Wieder schwiegen alle.

Dann sagte De Smet: „Ich habe aber auch schon viel Gutes erfahren. Viel Interesse an unserer Religion. Wenn ich in ein Dorf komme, werde ich oft mit einer kleinen Rede empfangen; z. B. sagt der Häuptling: ‚Schwarzrock, sprich! Wir sind alle deine Kinder. Zeig uns den Weg, dem wir folgen müssen, um den Platz zu erreichen, an dem der Große Geist wohnt. Unsere Ohren sind geöffnet. Unsere Herzen werden deinen Worten folgen!' Wenn ich so etwas höre, bin ich natürlich glücklich. Ich spreche mit ihnen über die Mission, und bitte sie, ihr wanderndes Leben aufzugeben. Ich lehre sie unser Glaubensbekenntnis, das Vaterunser, das Gegrüßet seist du, Maria, und die 10 Gebote. Wir singen auch viel gemeinsam; die Indianer in ihrer eigenen Sprache, ich in Latein. Das geht sehr gut. Die Freude am Zusammensein überwiegt."

„Oh, ich möchte einmal dabei sein!", sagte Kathie leise. Mutter machte erschrockene Augen. „Vielleicht ergibt es sich einmal", sagte De Smet ernst, „die nächste Mission ist nur ungefähr hundert Meilen entfernt."

„Können sie unsere Glaubenswahrheiten annehmen?", fragte Mutter. „Nur zum Teil. Sie sind z. B. leidenschaftliche Spieler. Da riskieren sie alles. ‚Du sollst nicht begehren deines Nächsten Gut' begreifen sie nicht. Andererseits sind sie sehr großzügig. Was mein ist, ist auch dein. Wenn sie ein Stück Land an die Regierung abgetreten haben, ist ihnen nicht bewusst, dass sie das für immer verloren haben."

„Wie soll denn das alles dann funktionieren?", fragte Vater. „Das weiß ich nicht", sagte De Smet bedrückt. „Aber ich vertraue auf Gottes Hilfe. Er hat mich hierher geschickt. Es waren auch nur zwölf Apostel, die die Bekehrung der Welt vollbrachten."

„Hören sie zu, wenn Sie ihnen von unseren Glaubenswahrheiten erzählen?", fragte Mutter. „Ja", sagte er. „Sie lieben die Geschichten aus der Heiligen Schrift, von der Schöpfung, der Sintflut, der Arche Noah, u.s.w. Oft sitze ich mit ihnen auf einer Wiese und erzähle ihnen davon. Das sind wunderbare Stunden." „Und hat es Erfolg? Glauben sie daran?" „Die Geschichten gefallen ihnen. Wie sehr dies in ihr Inneres eindringt, weiß ich nicht. Der Medizinmann gilt bei ihnen natürlich viel, mit seinen abergläubischen Praktiken. Wer stärker ist – ich weiß es nicht. Dazu kommt, dass die Weißen ihnen kein gutes Beispiel geben. Sie werden belogen und betrogen. Und deren Religion sollen sie annehmen? Was ich aber sicher weiß, ist, dass sie mich lieben und schätzen, und mir glauben. Das alles ist eine sehr große, sehr vielschichtige Sache." Er stützte den Kopf in die Hände.

„Glaubt Ihr, dass die Rettung der Seelen nur durch die römisch-katholische Religion erreicht werden kann?", fragte Vater. „Ja", sagte De Smet mit Überzeugung, „ja, das glaube ich." „Aber Euch gefällt doch die indianische Religion, oder nicht?", fragte Vater. „Ja", sagte De Smet, „sie gefällt mir. Sie ist schön. Sie spricht mich an. Sie ist wie ein schönes Bild, ein schönes Gemälde. Aber Gottes Sohn ist vom Himmel herabgestiegen, um uns zu helfen, um uns zu retten! Diesen Glauben haben sie nicht. Und in der Heiligen Messe können wir mit Ihm zusammensein, sich mit Ihm vereinigen, durch Wein und Brot. – Mein Wunsch und mein Ziel ist die Rettung der Seelen! Sie müssen von unserem Glauben erfahren!"

„Und wenn sie es nicht erfahren?", fragte Kathie. „Aber ich bin da; ich muss es ihnen sagen!" „Und wenn nicht?", beharrte Kathie. „Unser Gott ist gut und barmherzig; er wird sie nach ihrem Tod doch nicht im Dunkeln lassen, nur weil sie von dem Licht nichts erfahren haben!"

„Es gibt Ähnlichkeiten mit unserer Religion", sagte De Smet schließlich, „sie glauben an einen Schöpfer, den Sündenfall, die Sintflut und an einen göttlichen Vermittler, der für sie mit dem ‚Herrn des Lebens' spricht. Und die Poesie, die in der Religion der Indianer steckt, fasziniert mich immer wieder. Sie sagen, dass alles, was die Macht der Welt tut, in Form eines Kreises geschieht. Der Himmel ist rund, und auch die Erde ist rund. Der Wind entwickelt seine größte Kraft in Wirbeln. Vögel bauen ihre Nester in Kreisen. Die Sonne geht in einem Kreis auf und wieder unter. Genau wie der Mond, und beide sind rund. Selbst die Jahreszeiten bilden einen Kreis in ihren Abläufen und kommen stets dorthin zurück, wo sie bereits waren. Das Leben des Menschen ist ein Kreis von Kindheit zu Kindheit. Und so ist es mit allem, in dem die ‚Macht' sich regt."

„Das ist wunderschön", sagte Kathie. „Ja, das ist es", sagte Mutter, „man kann sich nicht vorstellen, dass Menschen, die so grausam sind, solche Gedanken haben können." „Die Weißen sind noch grausamer als sie", sagte De Smet leise, „sie nehmen ihnen alles weg, was sie zum Leben brauchen."

Alle schwiegen eine Weile.

„Und was hat dir am besten von dieser ‚indianischen Weisheit' gefallen, Kathie?", fragte De Smet schließlich. „Die Stelle mit den Vögeln, die ihre Nester kreisförmig bauen, weil sie die gleiche Religion wie die Menschen haben", sagte Kathie. Er blickte sie an und seine Augen zwinkerten ein wenig. „Mir auch."

„Dann weiß ich noch ein Gedicht von einem Kind: ‚Wer sagt dem Baum, wann die Zeit gekommen ist, seine kleinen Blätter auszutreiben? Wer sagt diesen Drosseln da, dass es warm geworden ist, und sie wieder nach Norden fliegen können? Vögel und Bäume hören auf etwas, das weiser ist als sie. Von sich aus würden sie es niemals wissen.'"

„Ich bin sprachlos", sagte Mutter. „Und ich auch", sagte Vater. „Man kann nicht genug davon bekommen, Ihnen zuzuhören!" „Das freut mich", sagte De Smet und schmunzelte ein bisschen, „und deshalb möchte ich auch jetzt etwas erzählen, was uns zum Lachen bringen kann!"

„Ja, bitte!", freute sich Kathie. „Wir wollen jetzt alle gemeinsam miteinander lachen! Das haben wir bisher noch nicht getan." „Das stimmt. Der Humor darf nicht zu kurz kommen. Wir lachen doch alle gerne. Also, nun kommt die Geschichte. Ich war vor ein paar Wochen in einem Lager der Crow-Indianer am Yellowstone-Fluß. Ich wurde freundlich empfangen. Ich blieb ein paar Tage dort, und ihre Gastfreundschaft war sehr anstrengend für mich. An einem Tag musste ich einmal an zwanzig Essen teilnehmen. Ich musste es einfach tun, benützte aber doch die Zeit, um ihnen von unserer Religion zu erzählen. Ich erzählte vor allem von unseren 10 Geboten. Die Indianer hörten aufmerksam zu, waren aber sehr erstaunt über das, was ich erzählte. Am Ende rief der Häuptling aus: ‚Ich glaube – also, so wie ich das sehe – gibt es in unserem Stamm höchstens zwei, die nicht in die Hölle kommen! Das sind die einzigen zwei, von denen ich weiß, dass sie weder getötet noch gestohlen haben. Falls aber doch, dann ist es klar, dass wir alle gemeinsam in die Hölle kommen!'"

Vater lachte, bis ihm die Tränen kamen, aber Mutter fragte, was es da zu lachen gäbe. De Smet, der auch belustigt dreingesehen hatte, wurde sofort ernst. „Sie haben recht, eigentlich gibt es nichts zu lachen. Aber ich musste es trotzdem. Sie sagen alles so frei heraus. Es ist so frisch und beglückend, bei ihnen zu sein. Und man weiß genau, woran man ist. Sie verstellen sich nicht." „Wir uns auch nicht", sagte Kathie. „Nein, natürlich nicht. So habe ich es auch nicht gemeint. Aber den Spitzfindigkeiten der Weißen, die mit ihnen Verträge aushandeln, und die sie dann so herumdrehen, dass die Indianer den kürzeren ziehen, denen sind sie nicht gewachsen." „Sie meinen dieses Falsche, Verschlagene?", fragte Kathie. „Ja, das meine ich", sagte De Smet, „und es sollte doch irgendeinmal etwas stimmen, was den Indianern vorgeschlagen wird." „Ja", gab Vater zu. „Und deshalb haben

die Indianer auch so großes Vertrauen zu Ihnen, weil Sie sich grundlegend von den anderen Weißen unterscheiden. Ich habe einmal sagen hören, De Smet sei der einzige Weiße, der nicht ‚mit gespaltener Zunge' spricht."
„Ich bin sicher nicht der einzige", sagte De Smet, „aber sie sind verbittert. Deshalb reden sie so."

Es war spät geworden. „Schlafenszeit!", sagte Mutter und blickte Kathie an. Aber diese konnte ihren Blick nicht von dem schönen Mann wenden, der in der Ecke saß, den Kopf an die Holzwand gelehnt, das Gesicht vom Feuer halb beleuchtet. „Werden Sie schlafen können, Father?", fragte sie leise. „Aber sicher!" De Smet schmunzelte. „Was glaubst du, wie ich in den letzten Wochen genächtigt habe? Alleine, im Wald, im Schnee, in den Mantel gehüllt, meine Reisetasche als Polster." „War es da nicht schrecklich kalt?", fragte Kathie. „Nein", sagte De Smet, „das Büffelfell wärmt wunderbar." „Und Sie hatten auch keine Angst?" „Auch nicht. Vor wem? Ich bin in Gottes Hand. Und die Geräusche, die ich hörte, waren gut für mich: das Rauschen in den Bäumen, der Schrei der Eule, das entfernte Heulen der Wölfe." „Und wenn sie näher kommen?" „Das tun sie nicht. Und wenn doch: ich bin in Gottes Hand."

„Father, möchten Sie nicht ein Gebet mit uns sprechen, bevor wir alle schlafen gehen?", fragte Mutter. „Gern", sagte De Smet und stand auf. Auch die anderen erhoben sich. Mutter strich ihre Schürze glatt, Kathie beeilte sich, die Ärmel ihres Kleides zu richten, die ihr schon ein wenig zu kurz geworden waren.

„Der Herr ist mein Hirte", sagte er mit seiner warmen, schönen Stimme, „mir wird nichts mangeln, Er weidet mich auf grüner Au und führt mich zu erfrischenden

Gewässern. Ob ich auch wandeln muss im Todesschatten, ich fürcht kein Unheil, denn Du bist bei mir." Er streckte die Hand aus, um sie zu segnen.

„Und bitte denk auch an die armen Indianer", sagte Kathie leise.

„Dann möchte ich auch ein indianisches Gedicht sagen: ‚Der Tag geht zu Ende. Überdenke noch einmal, was er dir für Sorgen gebracht hat. Ein paar davon behalte, die anderen wirf weg!' "

Dann kletterte sie die Holzstiege zum Dachboden hinauf, Mutter würde bald nachfolgen. Die beiden Männer lagerten am Feuer, das nur noch gloste. Der Wind heulte um das Haus, konnte aber nicht herein. Zu gut hatte Vater die Blockhütte gebaut.

Am nächsten Morgen, als sie herunterkam, war De Smet nicht mehr da. Er war schon im Morgengrauen fortgeritten. Nach Independence war es ein weiter Weg. Schweigend aßen sie ihr Frühstück. „Ich konnte mich nicht von ihm verabschieden", sagte Kathie leise. Der Bissen würgte sie im Hals. Später half sie dann Mutter, das Frühstücksgeschirr zu waschen und im Haus sauber zu machen. Plötzlich lief sie zu Vater hin, der an der Tür stand und hinausblickte, und umklammerte ihn ganz fest. „Er wird doch wiederkommen?" „Ja", sagte Vater und drückte sie an sich. „Das wird er. Er gehört so ein kleines bisschen zu uns, hast du das nicht gespürt?" „Doch, ich habe das gespürt, aber er gehört seinen Missionen, seinen Indianern ..." „Er gehört auch zu uns", sagte Vater bestimmt, „und deshalb wird er wiederkommen."

Probleme mit den Indianern

Das Frühjahr kam mit seiner ganzen Pracht; die Prärie verwandelte sich in ein Blumenmeer. Die Blumen blühten in allen Farben. Vögel stiegen hoch und stürzten pfeilschnell zur Erde nieder. Die Präriehunde kamen aus ihrem Bauten, und Präriehühner liefern kreuz und quer ihre Bahnen. Am nahegelegenen Teich tummelten sich Enten und der Himmel war blau mit weißen Wolken, die wie Segelschiffe dahinzogen.

In einer Bodensenke wohnte die Familie White, die sich im Vorjahr hier angesiedelt hatte. Frau White war für Mutter eine liebe Freundin geworden. Sie hatte zwei Töchter, die jünger waren als Kathie, mit denen sie aber gerne spielte. Sie schnitten Papierpuppen aus und kleideten sie an, sie spielten Ball oder versuchten sich im Schachspiel, wobei aber immer ein Kind zusehen musste, und so gingen sie dann immer wieder zu gemeinsamen Tätigkeiten über wie Tempelhüpfen oder Wortspielen. Frau White war im Osten Lehrerin gewesen und unterrichtete ihre Kinder, wobei Kathie auch gerne teilnehmen durfte. Sie las ihnen oft aus der Bibel vor, wobei Kathie beim Rezitieren der Psalmen sicher die Beste war; es gab aber auch Unterricht in Literatur, Geschichte und Naturkunde.

Mutter hatte nichts dagegen, wenn sie die Familie White oft besuchte. Ein schmaler Pfad führte von ihrem Haus geradewegs in die Prärie und senkte sich dann. Er ging um den Hügel herum, und da, in einer Mulde, lag das Haus der Familie White. Man konnte es von Kathies Elternhaus aus nicht sehen; so versteckt lag es da. Es war größer und stattlicher als Kathies Haus, hatte einen Stall und große, umliegende Gärten, aber ihr eigenes Elternhaus gefiel ihr doch am besten.

Am Haus vorbei ging ein Pfad, der zum Fluss hinunterführte. Und dieser führte zu einem Indianerlager, das sich am Fluss befand. Es war den Kindern niemals erlaubt, diesen Weg weiterzugehen. Zu groß war die Gefahr.

Dieser Pfad war ein Indianerpfad. Mr. White erzählte einmal, dass er geglaubt hätte, es wäre ein verlassener, von den Indianern aufgegebener Pfad. Aber das war er nicht. Es geschah sehr oft, dass Indianer den Pfad entlang ritten. Sie taten es auf die ihnen eigene stolze Art, ohne die Leute, die dastanden und sie anstarrten, zu beachten. Frau White zog sich dann immer schnell in ihr Haus zurück. Sie fürchtete sich sehr vor den Indianern. Und Herr White sagte einmal, er hätte das Haus niemals an dieser Stelle gebaut, wenn er geahnt hätte, dass dieser Pfad von den Indianern noch immer benutzt wurde.

Einmal waren sie auch in das Haus hineingegangen. Billie, die jüngere Tochter, erzählte, dass ihre Mutter beinahe der Schlag getroffen hätte. Es waren zwei Indianer, die ihre Mutter aufforderten, etwas zu kochen. Halb tot vor Angst kam sie diesem Wunsch nach und briet Eier mit Speck, die die Indianer gierig verschlangen. Dann suchten sie in der Küche und im Vorratsraum noch nach Speisen, und nahmen alles mit, was sie mitnehmen konnten.

„Sie hatten Hunger," bemerkte Kathie. „Und das ist ein Grund, bei uns einzudringen?" „Wir befinden uns auf ihrem Grund und Boden", sagte Kathie, „und deshalb betrachten sie alles, was sich darauf befindet, als ihr Eigentum."

„Das ist unser Grund und Boden", sagte Billie, „wir haben uns hier angesiedelt!" „Ihr habt euch hier angesiedelt", sagte Kathie, „und wir auch. Aber der Boden, auf dem wir das getan haben, gehört den Indianern."

„Woher weißt du das?", fragte Billie. „Von De Smet, von Father De Smet, unserem Freund. Er hat uns alles erklärt. Er weiß einfach alles. Er hat gute Kontakte zur Regierung. Und er hat gute Kontakte zu den Indianern. Er weiß Bescheid."

„De Smet?", fragte Helen, die ältere Schwester, die herangekommen war. „Wer ist denn das?" „Ein Jesuitenpater; ein Missionar, der in St. Louis wohnt. Er reist aber im ganzen Land herum und besucht die Indianerstämme. Er wird von ihnen sehr verehrt. Wenigstens von den meisten; es gibt aber Stämme, die einen unauslöschlichen Hass gegen alle Weißen haben, weil diese ihnen eben so viel angetan haben. Und er ist ja schließlich auch ein Weißer." „Werden wir ihn auch einmal zu sehen bekommen?", fragte Billie neugierig. „Ja, das ist schon möglich", sagte Kathie. „Er wird ja heuer im Sommer einmal zu uns kommen. Wenigstens versprach er uns das."

Im Mai blühten die Heckenrosen, und am Teich herrschte reges Leben. Kathie half Mutter im Haushalt, sie pflegte den kleinen Garten und sah nach den Tieren im Stall. Die Hühner liefen gackernd herum, das Pferd und die Kuh waren im Stall, durften aber manchmal heraus, um das frische Grün zu weiden. Abends schloss Vater sie gerne ein. Es war in letzter Zeit öfter vorgekommen, dass man vom Fluss her, wo die Indianer wohnten, Stimmen hörte, lauter als gewöhnlich. Manchmal hörte man auch Trommeln.

Vater und Mutter wussten nicht, was das bedeuten sollte, und es gab auch niemanden, den man hätte fragen können. Gefahr lag in der Luft.

„Warum habt ihr eigentlich keinen Hund?", fragte Billie einmal, als Kathie bei ihnen zu Besuch war. Sie hatten einen großen, schwarzen Hund namens Prince, der die ganze Familie beschützte. Auch wenn Kathie kam, die er schon kannte, fletschte er die Zähne und war manchmal schwer zu beruhigen. „Wir hatten einen", sagte Kathie, „der war ebenfalls sehr wild, aber wir liebten ihn sehr. Es hat aber ein paarmal Schwierigkeiten mit den Indianern gegeben." „Wieso?", fragte Billie. „Unser Hund pflegte das Haus immer zu umrunden, wenn Vater fort war. Er war wirklich unser Beschützer. Ab und zu, wenn Vater in Independence war, um Einkäufe zu machen, lief er ihm meilenweit entgegen. Es kam aber dann vor, dass er Indianer auf dem Pfad, der an unserem Haus vorbeiführte, stellte, und sie nicht vorbeilassen wollte. In seinen Augen war das Vaters Pfad, und nicht der der Indianer. Eines Tages blieb einer der Indianer stehen – gerade als Mutter aus dem Haus trat – hob seine Büchse und richtete sie auf den Hund. Es gelang Mutter, den Hund ins Haus zu rufen, aber wir alle wussten, was das nun zur Folge haben würde. Ein paar Wochen später kam im Planenwagen ein nettes Ehepaar bei uns vorbei, das Kinder und einige Tiere bei sich hatte. Sie blieben eine Nacht bei uns, und der Mann erzählte Vater, dass er Ausschau halten würde nach einem guten Wachhund. So gab Vater schweren Herzens unseren Bob den Einwanderern mit. Wir alle waren sehr traurig, aber doch mit Vaters Entscheidung einverstanden. Die Familie war freundlich, und er bekam ein gutes Zuhause. Wenn er bei uns geblieben wäre, wäre er einmal von einem Indianer erschossen worden."

„Das ist eine traurige Geschichte", sagte Billie. „Ja, das ist sie", sagte Kathie. „Aber sie hat auch ihre guten Seiten. Die Familie war sehr nett und auch tierliebend. Er wird ein gutes Leben haben. Seine Zukunft hier wäre gewesen, dass wir ihn hier eines Tages tot auf dem Indianerpfad vorgefunden hätten. Das wäre wohl für uns alle das Schlimmste gewesen. Er ist so ein guter Hund. Er verdient es, noch einmal eine zweite Chance zu bekommen, und die hat er jetzt."

„Trotzdem ist es eine traurige Geschichte", sagte Helen, die hinzugetreten war. Ihre Augen waren feucht. „Aber wie schützt ihr euch denn eigentlich? Schließlich leben wir ja im Indianerland! Unsere Eltern beschwichtigen uns zwar immer, aber ich glaube eigentlich doch, dass wir wissen, woran wir sind. So klein sind wir ja auch nicht mehr, um zu begreifen. Wir leben gefährlich. Wir befinden uns in Feindesland."

„Nein", sagte Billie. „Das ist unser Land. Unsere Eltern bebauen es, also gehört es uns." „Nein", widersprach Kathie, „Das ist nicht unser Land. Es ist Indianerland. Wir können es bebauen oder nicht, es gehört nicht uns. Es gehört den Indianern. Dieses Land wird vielleicht einmal Siedlerland werden, aber jetzt ist es das noch nicht."

Die Kinder schwiegen. „Wissen unsere Eltern das?", fragte Billie. „Ich weiß es nicht;" sagte Kathie, „eher nicht. Aber sie hoffen halt, hier bleiben zu können. Hier in der Prärie, so nahe an einem Fluss, die Erde ist fruchtbar, der Himmel ist weit – es sieht so aus, als ob es Platz für alle gäbe!" „Es sieht so aus", sagte Helen, „aber warten wir, ob die Indianer das zulassen."

Der Juni kam heran, das Gras stand hoch, und es war schön, sich darin zu verstecken. Präriehühner mit ihrem Jungen kreuzten den Weg, und manchmal hatte Kathie das Gefühl, beobachtet zu werden. Das lag aber sicher nur an dem hohen Gras, das ihr die Sicht verstellte.

Einmal, zu Mittag, erzählte sie Vater von den vielen Tieren, die den Pfad kreuzten und dann wieder im hohen Gras verschwanden. „Das ist schön", sagte Vater, „wenn es nur nicht einmal etwas anderes ist, was deinen Weg kreuzt."

Kathie war erstaunt. „Was sollte das sein?" Mutter warf Vater einen vorwurfsvollen Blick zu. Vater gab ihr den Blick zurück und sagte, „Indianer". Und dann sagte er zu Mutter: „Sie ist alt genug, sie sollte es jetzt schon wissen." „Warum sagst du das?", fragte Kathie atemlos. „Irgendetwas stimmt nicht mit den Indianern", sagte Vater. „Du weißt doch, dass ich öfter zum Fluß hintergehe, um Holz zu schneiden. Und oft ist es mir schon passiert, daß mir ein Indianer begegnet ist. Wir haben einander freundlich gegrüßt, und jeder ist wieder seines Weges gegangen. Vergangene Woche traf ich nun wieder einen. Er blieb in einiger Entfernung stehen, hob sein Gewehr und zielte auf mich. Es war geradeso, wie damals, als ein Indianer auf unserem Hund gezielt hatte. Es war eine Warnung. Es sollte heißen: keinen Schritt weiter, du befindest dich auf meinem Land. Das Holz, das du schneidest, gehört mir."

„Was hast du getan?", fragte Kathie. „Ich habe mich umgedreht und bin weggegangen." Mutter seufzte. „Was sollen wir tun?" „Ich weiß es nicht", sagte Vater. „Vorerst einmal abwarten."

Von Indianern gefangen

Eines Tages, als Kathie vor dem Haus spazierenging – weit wagte sie sich nicht mehr von ihm fort – sah sie eine hohe Gestalt auf einem Pferd auf sie zukommen. Die Präriegräser schlugen über ihm zusammen, so sehr war das Gras schon gewachsen. Wie gebannt blieb sie stehen. Der Reiter hielt und schwang sich vom Pferd. „De Smet!", schrie Kathie und lief ihm entgegen. „Kathie!" Er hob sie hoch und wirbelte sie ein paarmal durch die Luft, dann setzte er sie vorsichtig auf dem Boden auf. „Father De Smet, oh wie gut! Bitte kommen Sie herein zu uns, wir haben solche Sorgen!" „Erst muss ich Lizette versorgen, willst du mir dabei helfen?" „Ja", sagte Kathie und berührte sie sanft. „Sie ist so ein schönes Pferd!" „Es ist ein Maultier", sagte De Smet, „trittsicher, treu und ergeben. Ich würde sie gegen kein anderes Pferd umtauschen." Lizette sah Kathie mit ihren klugen Augen an und wedelte mit den langen Ohren. „Sie mag mich!", sagte Kathie begeistert. „Das ist kein Wunder", sagte De Smet sanft. Sie gingen zum Stall und befestigten sie an einer Kette. Sie bekam Wasser und auch Maiskörner in einer kleinen Schüssel. „Sie bleiben doch heute Nacht bei uns?", sagte Kathie ängstlich. „Oh ja", sagte De Smet, „wenn ich darf."

Sie betraten das Haus. Mutter fuhr auf, denn sie hatte gerade Feuer gemacht. „Oh Father", sagte sie, „was für eine Freude! Ich bin gerade dabei, das Mittagessen zu machen. Mein Mann wird in ein paar Minuten hier sein! Sie essen doch mit uns?" „Gerne", sagte De Smet. Er setzte sich auf die Bank beim Fenster und Kathie setzte sich neben ihn. Mutter schnitt dünne Speckscheiben und legte sie in eine Pfanne. Als diese braun gebraten waren, gab sie Eier dazu und legte Kartoffelscheiben drauf. Das war das Mittagessen.

In der Zwischenzeit war Vater heimgekommen und war nicht wenig erstaunt, De Smet hier vorzufinden. „Was für eine Überraschung", sagte er, „und was für eine wunderbare Fügung! Ich möchte Sie gerne über verschiedene Dinge befragen. Wir haben große Sorgen hier."

„Warte bitte, John, bis Father De Smet sich gestärkt hat," bat Mutter, „wir können ihn doch nicht, sobald er bei der Tür hereingekommen ist, mit unseren Angelegenheiten überfallen. – Bitte greifen Sie zu!" Ein jeder nahm sich etwas auf seinen Teller und er aß mit großem Appetit. „Endlich etwas Gekochtes!", sagte er. „Mein Reiseproviant war diesmal etwas dürftig. Ein bisschen Brot, getrocknetes Fleisch, und kalte Kartoffeln." „Wenn ich gewusst hätte, dass wir Besuch bekommen, hätte ich auch einen Kuchen gebacken", sagte Mutter. „Oh, da ist mir etwas entgangen", sagte er lächelnd. „Und du, Kathie, kannst du auch etwas kochen?" „Ja;" sagte Mutter, „sie kann alles. Vor allem aber ist sie eine hervorragende Bäckerin." Kathie blickte Mutter dankbar an. „Ihre Spezialität ist Apfelkuchen!" „Apfelkuchen?", wunderte sich De Smet. „Wo bekommt man denn hier Äpfel her?" „Es sind getrocknete Äpfel", sagte Kathie. „Vater bringt sie manchmal aus Independence mit. Genau so gut schmeckt der Kuchen aber mit Kürbis! Den haben wir auch frisch."

„Bekommen Sie häufig Besuch?", fragte De Smet. „Nein, jetzt nicht mehr. Früher haben wir uns oft besucht, um uns zu helfen. Es wohnen vier Familien in unserer Umgebung. Jetzt trauen wir uns nicht mehr so weit von unserem Haus fort." „Was hat sich dann verändert im Gegensatz zu früher?" „Die Indianer. Früher haben wir geglaubt, sie würden uns akzeptieren, aber jetzt glauben wir das nicht mehr. Sie sind uns auch besuchen gekommen, in der Hauptsache, um etwas zu essen zu bekommen, und auch so nebenbei etwas zu stehlen; das gehörte dazu. Jetzt hat sich schon seit Wochen kein Indianer bei uns blicken lassen. Aus dem Talgrund hört man in der Nacht auch Trommeln und Geschrei. Es ist so, als ob sich zwei Parteien streiten würden."

„Zwei Parteien?", fragte De Smet aufmerksam. „Was für Indianer sind denn das?" Mutter machte große Augen. Für sie waren Indianer Indianer; alle gleich hässlich, alle gleich stinkend, alle gleich frech. „Ich glaube, es sind Osagen", sagte Vater zögernd. „Es wäre gut, zu wissen, wer die anderen sind", sagte De Smet. „Wenn es Sioux sind, könnte die Lage schon gefährlich werden. Die Sioux haben geschworen, jeden Weißen zu töten, der in ihre Hände fällt." „Aber warum?", fragte Mutter. „Wir möchten friedlich hier leben, wir tun ihnen nichts. Könnte man nicht erwarten, dass sie sich ebenso verhalten?" „Die Sioux haben mit den Weißen schon zu viel mitgemacht. Immer wieder vertrieben, immer wieder ausgehungert, die Indianeragenten betrügen sie nach Strich und Faden. So ist es nicht zu verwundern, dass sie keine Weißen mehr sehen möchten. Ich habe gehört, daß sie jeden Weißen töten, egal, wer das ist, und ob er ihnen etwas getan hat oder nicht."

Die Erwachsenen schwiegen. Kathie aber sagte: „Ich könnte mich hinschleichen und sehen, was da vor sich geht. Ich bin klein, und wenn es dunkel ist, kann ich mich ganz nahe an sie heranpirschen. Ich kann Beobachtungen machen und sie euch dann mitteilen. Ich kann hilfreich sein!"

„Das ist doch nicht dein Ernst!", sagte Mutter entsetzt. „Selbst wenn es dir gelingen sollte, bis zum Lager zu kommen – was wir dir natürlich niemals erlauben würden – hättest du wenig Chancen, die Situation zu durchschauen. Stell dir einen Haufen streitender Indianer vor! Du verstehst ja gar nicht, was sie sagen; du kannst ja die Sprache nicht!" „Ich kann sehr wohl unterscheiden", beharrte Kathie, „ob es eine Gruppe von Indianern ist, die untereinander uneins sind, oder ob es sich um zwei verschiedene Gruppen handelt. Ich glaube, ich traue mir das zu." „Und ich traue dir zu, dass du es dir wünscht und es machen möchtest, aber es wäre geradezu Wahnsinn, es zu versuchen. Du bist ein tapferes Mädchen, Kathie, aber jetzt möchte ich nichts mehr davon hören."

„Vielleicht versuche ich es", sagte De Smet langsam. „Ich bin zwar nicht so klein und zart, dass ich mich so ganz unsichtbar durch das Gras schlängeln könnte wie unsere Kathie, aber im Schutz der Dunkelheit wäre es schon möglich."

Er überlegte. „Ich müsste meine Soutane ausziehen, sonst ist es nichts mit dem Anschleichen." Er lachte ein bisschen. „Andererseits könnte sie mich schützen. Ich bin aber jetzt nicht als Missionar unterwegs, sondern ich möchte wissen, was gesprochen wird, damit die Siedler sich danach richten können." „Verstehen Sie die Sprache der Osagen?", fragte Vater. „Ja", sagte De Smet, „aber nicht die der Sioux. Aber in diesem Fall spielt das keine Rolle. Sie werden sich so verhalten, dass ich ihren Gesprächen entnehmen kann, was ich möchte."

„Ich möchte nicht, dass Sie gehen, Father", sagte Kathie leise. „So? Du möchtest gehen, und mir verbietest du es?" Er sah sie belustigt an. „Ich hätte da bessere

Ausreden parat", sagte Kathie. „Ich könnte sagen, dass ich mich verlaufen hätte; ich bin ein Kind; das hat nicht so viel Gewicht."

„Auch Kinder sind schon verschleppt worden", sagte De Smet ernst. „Und nach Jahren hat man sie dann irgendwo aufgefunden. Die Sache ist kein Kinderspiel."

Kathie mußte sich geschlagen geben. So saßen sie alle gemeinsam auf der Bank vor dem Haus und jeder hing seinen eigenen Gedanken nach.

Vater erzählte De Smet, wie weit sie es alle hier schon gebracht hätten, wie glücklich sie hier leben würden, und eines Tages würde eine Ortschaft hier entstehen, mit einer Kirche, einer Schule und Geschäften, die den täglichen Bedarf der Siedler decken würden. Der riesige Himmel, die weite Ebene, der nahe Fluss – es war alles so geschaffen für eine Siedlung!

„Und doch ist es Indianerland", sagte De Smet sanft. „Es gehört den Weißen nicht. Und die Indianer werden darum kämpfen. „Könnten wir nicht alle gemeinsam hier leben – so in Frieden?" „Das wäre schön, aber ich glaube es nicht so recht. Das Land, auf dem die Weißen siedeln, ist ihnen ja gegeben worden. Es ist das 'Indian Territory', und sie werden dafür kämpfen. Je mehr Weiße kommen, desto mehr Land wird ihnen weggenommen. Das verkraften sie nicht. Einige Stämme – oder Teile einiger Stämme – arrangieren sich mit den Weißen. Sie treten ihr Land ab, erhalten dafür Zahlungen. Sie werden nicht fair behandelt. Sie werden belogen und betrogen. Sie erhalten nicht das, was ausgehandelt worden war. Sie müssen weiterziehen. Sie versuchen das und jenes, bleiben in der Nähe der Forts und der Missionen, die ihnen Schutz bieten, bebauen Felder, geben wieder auf, ziehen weiter.

Sie sind von Natur aus ein nomadisches Volk. Ihr Glück liegt in der Jagd, in den Kriegsspielen, im Reiten. Das sind keine Bauern."

„Und ihre Religion?" „Ist schön. Sie verehren die Natur. Gott ist in allem, in jedem Menschen, jedem Tier, und jedem Grashalm." „Sie möchten sie ihnen wegnehmen?" „Nein. Gott hat die Natur geschaffen. Es ist gut, an sie zu glauben und sie zu verehren. Ich möchte ihnen nur vermitteln, dass der allmächtige Gott, der Schöpfergott, ein Zeichen gesetzt hat und Seinen Sohn – also einen Teil von Ihm – auf die Erde gesandt hat. Wenn wir das ‚Große Gebet' – die Heilige Messe, feiern, dann ist Er mitten unter ihnen; sie können sich an Ihn als Person wenden mit allen ihren Sorgen. Er hört auf sie und sendet ihnen seine Engel. Das ist Anbindung an das höchste Glück. Vereinigung mit dem Schöpfergott. Und dieser Glaube verheißt das ewige Leben."

In der Zwischenzeit war die Dämmerung hereingebrochen, ein leichter Wind ging, und man hörte das „Kiwitt" der Abendvögel. Mutter stand auf und wollte alle schon ins Haus führen, als auf einmal ein aus der Ferne kommender dumpfer Trommelschlag ertönte. Mutter blieb wie angewurzelt stehen. „Schon wieder!", flüsterte sie. Vater stand auf und legte seinen Arm beruhigend um ihre Schulter. „Das sind wir doch jetzt schon gewohnt", sagte er, „das braucht uns ja gar nicht mehr zu erschrecken. Außerdem ist doch heute Father De Smet bei uns, der uns beschützen kann."

„Das glaube ich nicht", sagte De Smet, „denn ich werde jetzt fortgehen." Vater und Mutter sahen einander bestürzt an. „Ich werde mich dort hinunterschleichen, um die Lage zu sondieren." „Nein", schrie Kathie, „Ruhig,

Kind!", sagte er und umfasste sie leicht. „Ich muss wissen, woran ich bin. Geht alles gut, dann komme ich zurück und werde euch berichten. Droht Gefahr, dann müsst ihr euch vorsehen, oder sogar die Gegend verlassen. Ist das ein friedliches Treffen zweier Stämme, dann werde ich es auch erfahren." „Aber wenn sie Euch gefangennehmen?" „Wir sind alle in Gottes Hand", sagte De Smet kurz.

Er ging zum Stall, um nach seiner Lizette zu sehen. Kathie sah, wie er sich umkleidete und seine Soutane in die Reisetasche stopfte.

Er nahm das Kreuz ab, das an einem Lederriemen hing. Kathie sah, dass er es kurz in der Hand hielt, so als sei er unschlüssig, ob er es behalten oder hier lassen sollte. Dann kam er zurück und gab es Kathie in die Hand. „Pass gut darauf auf", sagte er, „wenn ich zurückkomme, gibst du es mir wieder." Kathie hielt es mit beiden Händen fest. Sie sah ihn an, wie er vor ihr stand, in seinem Gewand aus dünnem, braunen Leder, die Schuhe hatte er ausgezogen. „Ohne Schuhe schleicht man sich besser an", sagte er und lächelte ein bisschen. „Ich weiß", sagte Kathie tonlos. In einem Augenblick war er in der Dunkelheit verschwunden.

Kathie ging zurück ins Haus. Das Kreuz verbarg sie in ihrer Schürzentasche. Eigentlich wusste sie nicht ganz genau, warum sie ihren Eltern nicht sagen konnte, was er ihr da gegeben hatte. Es schien ihr wie ein Vermächtnis zu sein. Er hatte es nicht Vater oder Mutter gegeben, sondern ihr.

Alle drei saßen sie im Zimmer und sahen zu, wie das Feuer im Kamin langsam ausging. Mutter zündete die Petroleumlampe an. Die Flamme verbreitete einen warmen, hellen Schein. Niemand sagte etwas. Dann sagte

Vater: „Er geht kein allzu großes Risiko ein. Er kennt die Indianer, und die Indianer kennen ihn. Wenn er wirklich entdeckt werden sollte – ich glaube, seine Chancen stehen gut." „Was ist aber, wenn die zweite Gruppe – falls es eine solche gibt – bösartig und blutrünstig ist? Er ist ja auch ein Weißer!" „Es könnte aber auch sein," sage Kathie, „dass die Indianer ihn nicht kennen. Wer weiß, welche Gruppen da zusammengekommen sind!" „Du könntest recht haben," stimmte Vater zu.

Lange Zeit saßen sie zusammen, niemand wollte schlafen gehen. Die schwarze Susan kam von ihrem bequemen Platz am Kamin und setzte sich auf Kathies Schoß. Es war so, als wollte sie dabeisein und an den Sorgen der Familie teilnehmen. Gedankenlos strich Kathie über ihr weiches Fell.

Draußen war es ganz still; so wie die Ruhe vor einem Sturm. Mutters Hände, die sonst so eifrig mit Nähen oder Stricken beschäftigt waren, ruhten im Schoß. Vater rauchte seine Pfeife und sah vor sich hin. Gelegentlich ging sein Blick zur Türe, neben der sein Gewehr hing. Schließlich stand er auf und zog den Lederriemen, der zur Versperrung diente, herein. Nun konnte von außen niemand mehr eindringen.

„Schlafenszeit!", sagte er munter. Das hieß, dass Kathie hinauf in ihr Zimmer gehen sollte. „Morgen ist auch noch ein Tag!"

In diesem Augenblick erhob sich ein schreckliches Heulen und Schreien aus dem Talgrund, Kathie stürzte zur Tür. „Hiergeblieben!", rief Mutter mit einer Stimme, die Kathie an ihr noch nie gehört hatte. „Sie haben ihn", sagte Vater leise, „sie haben ihn." „Glaubst du, dass sie ihn getötet haben?", flüsterte Kathie. „Nein", sagte

Vater, „das Geschrei zeigt an, dass sie einen Gefangenen gemacht haben, der für sie wichtig ist. Sie werden herausfinden, wer er ist, und ihn dann vielleicht gegen indianische Gefangene austauschen, oder sonst etwas zu erpressen suchen. Wenn sie ihn getötet hätten dann wäre das leise geschehen. Ein Messerstich, skalpiert, und dann irgendwo in die Büsche geworfen. Nein, ich bin sicher, dass er noch lebt. Und wenn sie ihn als wichtigen Gefangenen betrachten, dann wird er auch gut behandelt werden. So weit kenne ich mich mit den indianischen Gebräuchen schon aus."

„Jetzt geh, mein Kind", sagte Mutter und legte ihr den Arm um die Schulter. „Wir können nichts tun für ihn. Er ist ein starker und mutiger Mann. Er spricht die Sprache der Osagen. Gott wird helfen. Er vertraut so sehr auf ihn." Kathie wandte sich um und begann, die Stiegen hinaufzusteigen. „Nimm Susan mit. Sie soll dich trösten." Susan schlich hinter ihr nach.

Oben kroch sie in ihr Bett und deckte sich mit ihrer rauen Decke zu. Sie nahm das Kreuz aus ihrer Schürzentasche und umschloss es fest mir beiden Händen. So lag sie eine Zeitlang und starrte auf das kleine Fenster. Der nachtschwarze Himmel mit den Sternen sah bedrohlich aus. Sonst liebte sie die dunkle Nacht und die Sterne, die sie umgaben, aber heute war alles anders geworden.

Unten hörte sie Mutter und Vater noch leise miteinander reden. Nach einer Zeit wurde es dann still. Ein leichter Wind umfächelte das Haus. Dieser Abend wäre so schön gewesen, zu viert am Feuer, oder auch vor dem Haus.

Die Befreiung

Plötzlich wurde ihr bewusst, dass sie noch ihr Kleid anhatte; sie hatte vergessen, das Nachthemd anzuziehen. Und es wurde ihr auch bewusst, dass sie hier nicht bleiben konnte. Sie stand auf und steckte das Kreuz wieder in ihre Schürzentasche. Sie nahm ein paar Tücher aus dem Korb und knüpfte sie zusammen. Dann befestigte sie das Ganze am Fensterrand und ließ sich vorsichtig hinunter. Das letzte Stück musste sie springen. Dann ging sie leise zum Stall. Lizette war heraußen angebunden und sah sie mit großen Augen an. „Sei ganz still!", flüsterte sie, während sie das Kreuz in seine Reisetasche gab. „Wir holen jetzt deinen Herrn." Das kluge Tier schien sie zu verstehen und schnaubte leise.

Kathie kletterte auf ihren Rücken und nahm die Zügel auf. „Wir gehen jetzt in Richtung Fluss! Das ist gar nicht weit!" Sie ritt den Indianerpfad entlang, der sich bei ihrem Haus befand und dann die Talsenke hinunterging. Nach zwei Meilen kam sie zu dem kleinen Teich, an dem sich ein einsamer Heckenrosenstrauch befand. Dort stieg Kathie ab und band Lizette an. „Du wirst nicht lange zu warten brauchen", flüsterte sie.

Mutig schlich sie sich durch die hohen Gräser hindurch. Es ging stetig bergab und bald hörte sie ein Rauschen. Das war der Fluss. Plötzlich roch sie ein Feuer und sah auch schwaches Licht zwischen Baumstämmen. Das war das Indianerlager. Nun kroch sie auf allen vieren näher, denn es konnte ja sein, dass die Indianer eine Wache aufgestellt hatten, die sie entdecken konnte. Auf einmal sah sie eine große, schwarze Masse vor sich auftauchen. Das war ein Zelt. Es stand abseits von den Zelten, die sich schemenhaft im schwachen Licht abzeichneten. Vor dem Zelt saß ein Indianer. Er spielte mit einem Pfeifchen, das er an einem Lederriemen an seinem Hals hängen hatte. In weiterer Ferne hörte man ein Gemurmel.

Die Indianer unterhielten sich noch.

War dieses Zelt, das so abseits stand, das Zelt, in dem man Gefangene aufbewahrte? Und war der Indianer dort der Wächter?

Sie schlich so nahe, dass sie mit dem Kopf an die Zeltwand anstieß. Dann hob sie den Stoff ein wenig, um in das Innere zu blicken. Da sah sie ihn.

Er war in sitzender Stellung an einen Pfahl gebunden, den Rücken ihr zugewandt.

Sie zögerte keinen Augenblick. Die Gelegenheit war günstig. Sie umfasste seine Hände, die hinter dem Balken zusammengebunden waren, und schnitt mit ihrem kleinen Messer, das sie stets bei sich trug, den Riemen entzwei. Sie hatte erwartet, dass De Smet eine rasche Bewegung machen würde, aber das war nicht der Fall. Er blieb genau so ruhig sitzen wie vorher. Er wartete. „Lizette ist am Teich beim Heckenrosenstrauch" flüsterte sie unhörbar. Eine kleine Bewegung seines Körpers sagte ihr, dass er sie verstanden hatte. Dann zog sie sich langsam und vorsichtig wieder zurück.

Die erste Strecke schlich sie wieder dahin; zuerst am Boden, dann aufgerichtet, sich immer wieder umdrehend; aber niemand folgte ihr. Das letzte Stück rannte sie, als ob ein Rudel Wölfe hinter ihr her wäre, und sie war glücklich, als das nachtschwarze Häuschen vor ihr auftauchte. Wie froh war sie, wieder zu Hause zu sein,

Vater und Mutter und Susan da zu wissen. Wie schön, ein Zuhause zu haben; Sicherheit!

An der Eingangstür klopfte sie. Die Tür wurde aufgerissen und Vater trat heraus, das Gewehr in der Hand. Er sah sie entgeistert an. Nun spürte sie, wie ihre Knie weich wurden, aber Vater fing sie auf und trug sie ins Zimmer. Dort setzte er sie in den Schaukelstuhl. „Wo warst du?" Vater und Mutter waren entsetzt. „Ich habe ihn befreit!", flüsterte sie, wobei eine Träne langsam die Wange heruntertropfte. „Wo um Himmelswillen warst du?" „Im Talgrund bei den Indianern." „Nein – das gibt es nicht." „Doch. Und es war auch nicht schwer. Niemand hat mich gesehen." „Weißt du, was du riskiert hast?" „Ja. Das Leben. Er riskiert aber seines auch für uns. Und sein Risiko ist größer als meines. Ich bin ja noch ein Kind."

Nun erfolgte eine kurze Beichte; sie sagte alles, was notwendig war, und eine lange Umarmung von Mutter, die sie gar nicht mehr loslassen wollte.

„Darf ich heute bei euch herunten bleiben?", murmelte sie. Nach all den Anstrengungen fühlte sie sich auf einmal so kraftlos, dass sie gar nicht mehr die Stiege hinaufgehen wollte. „Du bleibst bei uns", sagte Vater und hob sie hoch. Er legte sie sanft auf das große Bett und sagte: „Nun schlaf ein. Wir sind gleich bei dir. Mutter drehte die Petroleumlampe ab und schlüpfte neben ihr unter der Decke. Vater kam von der anderen Seite und legte sich dazu. So lag sie zwischen ihnen; sicher und geborgen. Schon war sie im Begriff, einzuschlafen, als ihr plötzlich etwas auffiel, und sie in sich hineinlachte. „Was ist los?", fragte Mutter besorgt. „Geht es dir gut?" „Ja", sagte Kathie, „aber ich musste gerade daran denken, dass wir alle drei voll angekleidet im Bett liegen!"

Nun musste auch Vater lachen. „Wir haben das heute so beschlossen, um für einen Notfall gerüstet zu sein." „Ich auch", sagte Kathie.

Am nächsten Morgen ging Kathie hinauf, um das Fenster zu schließen. Mutter folgte ihr. Sie holte die zusammengeknüpften Tücher herein und sah Kathie an. Kathie gab den Blick zurück. „Ich musste es tun, und ich glaube, du weißt es", sagte sie leise. Mutter nickte. Dann knüpfte sie die Tücher auseinander und legte sie wieder in die Truhe. Kathie blieb noch eine Weile oben und wartete, bis Mutter sie zum Frühstück rief. Sie hörte die Eltern unten leise sprechen. „Sie hätte sich den Hals brechen können!" „Hätte sie; hat sie aber nicht", sagte Vater. „Sie ist ein Sternenkind! Sie ist uns allen überlegen."

Besuche bei den Nachbarn

Die nächsten Tage vergingen für Kathie wie ein Traum. Sie verrichtete mechanisch alle ihre Arbeiten, und sie fühlte dabei eine große Zufriedenheit. Sie ging in den Stall und molk die Kuh. Sie fütterte die Hühner und sie half auf dem Feld. Sie erntete Karotten, Kartoffel und Rüben und verwahrte sie im Anbau. Sie hatte ein warmes, gutes Gefühl. Das war ihre Arbeit. Sie war zu Hause.

Ab und zu ging Vater fort, um etwas zu schießen, damit sie frisches Fleisch hatten. Das war einmal ein Hase oder auch ein Fasan. Am Teich gab es Enten.

Von den Indianern hörte man nichts mehr. Die Siedler wagten es auch nicht, dem Talgrund zu nahe zu kommen, oder im Wald zu jagen.

Vater ritt ab und zu nach Independence, um dort kleinere Arbeiten zu erledigen, und auch in Irwin's Store für die Familie einzukaufen. Das war dort ein Treffpunkt für Siedler und Pelzhändler aus allen Richtungen; es wurden Neuigkeiten ausgetauscht und es wurde auch gespielt, wobei sich Vater aber niemals beteiligte.

Es verging der Sommer, und der Herbst kam ins Land. Seit jener Nacht hatte Kathie sich immer gefragt, ob und wie es ihm gelungen war, aus dem Zelt herauszukommen und zu seinem Pferd zu gelangen. Damals – am nächsten Tag – hatte sie darauf gebrannt, zum Teich zu gehen und zu schauen, ob Lizette noch angebunden war. Aber das wäre Torheit gewesen, es zu versuchen. Die Eltern ließen sie ja keinem Augenblick lang unbeobachtet. Insgeheim aber wusste sie, dass es ihm gelungen war.

Nachdem es um die Indianer ruhig geworden war, erlaubte Mutter Kathie wieder, die Familie White zu besuchen. Das erste Mal kam sie mit, weil sie sich gerne mit Mrs. White über die Lage der Dinge unterhalten wollte.

Sie saßen um den großen Tisch herum in Mrs. Whites heller, freundlicher Küche. Mrs. White servierte Tee und kleine Kuchen. Helen und Billie waren herangekommen, um sich ebenfalls zu stärken. Dann wollte man mit dem Unterricht beginnen. Mrs. White hatte schon einige Bücher bereitgelegt, und Hefte für die Kinder.

„Wie gefällt Ihnen diese Sache?", fragte Mutter. „Gar nicht", sagte Mrs. White. „Natürlich können wir hier irgendwie leben. Wir können in der Früh aufstehen, die Betten machen, das Frühstück zubereiten, zusammenräumen, kochen, essen, im Garten arbeiten, schlafengehen. Das wäre unser Leben. Wir könnten unter Gefahren unsere Nachbarn besuchen. Das wäre alles. Viel mehr können wir nicht tun. Ich komme mir hier vor wie die Maus in der Falle." „Wie möchten Sie denn leben?", fragte Mutter. „Mit der Aussicht auf Verbesserung. Mit der Aussicht auf irgendetwas. Eine kleine Gemeinschaft, ein paar Häuser, eine Kirche, ein Geschäft, eine kleine Schule vielleicht. Was wird mit unseren Kindern? Woher bekommen sie irgendeine Bildung?" „Das geben Sie ihnen", sagte Mutter. „Sie wissen so viel. Sie sind beinahe wie eine Gelehrte." „Das genügt trotzdem nicht", sagte Mrs. White. „Eine Schule vergibt Zertifikate. Das kann ich nicht tun. Und mit einem solchen Zertifikat kann ein Kind sich weiterbilden, an eine höhere Schule gehen, sich spezialisieren, ein Fachwissen erlangen."

„De Smet errichtet solche Schulen", sagte Kathie leise. „Ja, aber für Indianer, nicht für uns", sagte Mr. White, der eben hereingetreten war. Er hängte seine Flinte hinter der Tür auf und setzte sich schwer auf einen Stuhl. „Nichts geschossen?", fragte Frau White besorgt. „Nichts", bestätigte Mr. White grimmig. „Es scheint, als ob die Indianer ihr verdammtes Viehzeug alles mitgenommen hätten."

„Aber Tom!", sagte Mrs. White vorwurfsvoll. „Zuletzt war ich am Teich, um eine Ente zu schießen, aber es war auch keine Ente da. Da sah ich den großen Heckenrosenstrauch – Kathie gab es einen Stich ins Herz – und unter diesem saß ein Hase! Sobald ich mein Gewehr hob, war er verschwunden. Also, auch dieser hat mich zum Besten gehalten! Aber, so wie ich dich kenne, werden wir trotzdem nicht zu hungern brauchen!" „Nein", sagte Mrs. White freundlich, „abends gibt es dann Bohnen und Pökelfleisch, und frisches Brot habe ich auch noch gebacken. Und es ist genug für alle da."

Am späten Nachmittag machten sich Mutter und Kathie auf dem Heimweg, denn sie wollten vor Einbruch der Dämmerung zu Hause sein. Sie brauchten nicht lange zu warten, denn kaum war es dunkel, hörten sie Vaters Wagen. Er führte das Pferd in den Stall, und kam dann fröhlich pfeifend herein. „Schaut euch meine Schätze an!", rief er. Er brachte Mehl, braunen Zucker, Tee, getrocknete Apfelspalten, Essiggemüse, Bohnen, Pökelfleisch und kleine, süße Kuchen. Sie legten alles auf den Tisch und staunten über diese Herrlichkeiten. „Und das Beste", rief er dann noch, „Neuigkeiten von De Smet!" Kathie benahm es den Atem. „Was ist es?" ächzte sie. „Er war in eine Schlägerei verwickelt; in Oswego." „Das gibt es nicht!" Mutter mußte sich setzen. „Wenn ich alles glauben muß, aber das nicht!" „Glaube es ruhig!" sagte Vater. „Ich habe es aus sicherer Quelle. Der Bruder von

Mr. Irwin war dort in einem Saloon –" „In einem Saloon?" „Ja", sagte Vater und lachte, „und De Smet war auch dort." „Aber ein Saloon ist doch ein Ort, an dem getrunken und gespielt wird, und wo es leichte Mädchen gibt, und dort soll De Smet gewesen sein?" „Er wird schon seine Gründe gehabt haben", sagte Kathie. „Ja, die hatte er. Es entstand dort eine Prügelei, wobei De Smet einen der Männer nach Strich und Faden verdrosch und ihn dann noch auf die Straße hinauszerrte." „Aber warum, um Himmels Willen? Ein katholischer Missionar? Was ist denn das für ein Verhalten?" „Offensichtlich ging es nicht anders", sagte Vater. „Der andere war ein Indianeragent. Und zwar war bekannt von ihm, dass er die Indianer immer wieder betrog, ihnen Versprechungen machte, diese nicht einhielt, ihnen Nahrungsmittel geben ließ, die ungenießbar waren, und Frauen und Kinder, die hungrig waren, einfach verjagen ließ. De Smet hat ihm eine Lektion erteilt, die er sich merken wird, und die sich auch herumsprechen wird. De Smet hat ja viele Freunde, die ihm helfen." Was die Erwachsenen weiter erzählten und besprachen, hörte Kathie nicht mehr. Die Stimmen verbanden sich zu Geräuschen, die einmal lauter, einmal leiser wurden, und ein einziger Gedanke beseelte sie: er lebt! Er lebt!

Glückliche Tage

Drei Jahre dauerte es, bis sie ihn wiedersahen. Kathie war gerade beim Hühnerfüttern, als sie – so wie damals – eine hohe Gestalt auf sich zureiten sah. Sie ließ die Schüssel fallen und starrte ihn an. Er kam immer näher, bis er vor ihr hielt und vom Pferd sprang. „Oh, Father!", sagte sie fast lautlos. Er kam auf sie zu und ergriff ihre Hand. Dann sah er sie erst richtig an und schob sie ein bisschen von sich. „Kathie!", rief er. „Du bist ja eine schöne junge Frau geworden!" „Nein", sagte Kathie, „das bin ich nicht. Ich bin immer noch Ihr Kind." Nachdem er Lizette versorgt hatte, betraten sie gemeinsam das Haus. Er setzte sich auf die Bank, auf der er das letzte Mal gesessen war und sie setzte sich ihm gegenüber.

„Das war viel gewagt, Kathie, damals", sagte er ernst und sah sie an. „Nein, ich glaube, nicht so viel. Und dann: ich musste es einfach tun. Ich hatte keine Wahl." „Trotzdem war es viel gewagt", sagte er, „du weißt nicht, wozu Indianer fähig sind, wenn Alkohol im Spiel ist. Sie gebärden sich wie die Verrückten und metzeln alles nieder, was ihnen in den Weg kommt; selbst ihre eigenen Kinder." „War Alkohol im Spiel?", fragte Kathie. „Nein", sagte De Smet, „sonst würde ich vermutlich jetzt nicht mehr leben."

In der Zwischenzeit waren Vater und Mutter, die auf dem Feld gearbeitet hatten, hereingekommen, und ihre Freude, De Smet zu sehen, war groß. „Wo kommen Sie her, Father?", fragte Vater, indem er ihm herzlich die Hand schüttelte. „Aus Independence", sagte De Smet. „Bevor ich nach

St. Louis zurückreite, wollte ich einen kurzen Zwischenstopp hier machen. Sie wissen, ich hatte meine Gründe."
„Ja", sagte Mutter sanft. „Und wo waren Sie vorher?" „In den Rocky Mountains." „Was?", rief Vater aus. „Das gibt es doch nicht!" „Doch, das gibt es", sagte De Smet lachend, „es waren alles in allem 4000 Meilen, und ich glaube, ich habe sie gut geschafft." „Aber doch nicht mit Lizette?" „Nein, natürlich nicht. Ich hatte sie in Independence deponiert. Hinter Irwin's Grocery gibt es einen Mietstall, dort ist es ihr gut gegangen. Independence ist übrigens ein beachtliches Städtchen geworden. Es gibt dort alles, was man sich nur wünschen kann: Häuser, Gärten, eine Kirche, eine Schule, einen Arzt, einen Hufschmied, einen Sattelmacher, ein Schuhgeschäft, ein Möbelgeschäft, eine Modewarenhandlung, eine Bäckerei, und natürlich den alteingesessenen Kaufmann. Ich glaube, die Schule wäre für die Mädchen einmal interessant …" „Das glaube ich auch", sagte Mutter traurig, „denn wir stecken hier fest. Wir können uns nicht rühren. Wenn ein Nachbar sein Feld nur ein kleines bißchen größer macht, ist es in kurzer Zeit verwüstet; baut jemand irgendwo einen Schuppen an, ist er bald darauf niedergebrannt; wie von Geisterhand. Das geschieht irgendwie unsichtbar; niemand sieht Indianer gehen oder kommen. Es ist so, als wollten sie uns sagen: ‚Bleibt, wo ihr seid und rührt euch nicht. Wir tun euch nichts, aber größer werden dürft ihr auch nicht'".

De Smet blickte sehr ernst drein. „Sie werden euch nichts tun, denn wenn sie das vorhätten, hätten sie es schon getan."

Lange Zeit sagte niemand etwas, dann fragte De Smet: „Was hätten Sie sich dann vorgestellt?" „Eine selbstständige kleine Gemeinde", sagte Mutter, „Kirche, Schule, ein

Geschäft, der riesige Himmel über uns, die wogende Prärie zu unseren Füßen. Guter Kontakt mit den anderen; Lebensfreude. Aber das gibt es wohl nicht; zumindest nicht hier für uns."

„Das gibt es woanders schon," meinte Vater, „bei meinen Treffen in Independence erfahre ich ja viel. Viele kleine Orte werden gegründet, und wenn man Glück hat, wachsen sie. Es kann ein Handelsposten entstehen, der zieht viele Leute an, eine Bahn kann gebaut werden, die in der Nähe vorbeiführt..." „Womit wir wieder beim Punkt wären", sagte De Smet. „Das hier ist Indianerland, von der Regierung den Indianern zugewiesen, nachdem sie schon unzählige Male vertrieben worden waren, und so, wie ich kenne, haben sie nicht vor, auch nur eine Handbreit davon abzutreten. Falls das Projekt eines Bahnbaus entstehen sollte, die hier vorübergehen sollte, würden sie sich mit aller Heftigkeit und mit allen ihnen zu Verfügung stehenden Mitteln dagegen zur Wehr setzen. Und diese Mittel sind groß."

„Ich weiß, was Sie meinen, Father", sagte Kathie leise. „Aber was sollen wir nur tun?"

„Ich weiß es auch nicht", sagte De Smet. „Gesetz ist Gesetz. Und das Land gehört einfach ihnen."

„Ich weiß aber, was Sie jetzt tun müssen, Father", sagte Mutter energisch. „Sie müssen essen! Wir müssen Sie bewirten! Was bin ich nur für eine Hausfrau!" Sie eilte zum Herd, schnitt Kartoffel und Fleisch in eine Pfanne und ließ alles knusprig anbraten. Dazu richtete sie kleine, in Essig eingelegte Gurken. „Bitte stärken Sie sich! Das ist alles für Sie; wir haben schon gegessen!" „Ja, hungrig bin ich wirklich", gab De Smet zu, und aß das, was Mutter ihm vorsetzte, mit großem Appetit.

„Man merkt, Father, dass Sie in der letzten Zeit nicht viel Gutes zu essen bekommen haben", sagte Mutter lächelnd. „Merkt man das? Und das stimmt wirklich! In letzter Zeit gab es nur Moos zu essen." „Moos?" Kathie war erstaunt. „Was soll das heißen? Das gibt es doch nicht!" „Das gibt es schon! Das ist eine Pflanze, die auf dem Boden wächst; kleine Polster. Sie sind sehr vitaminreich. Man kann sie essen. Ein Indianer hat mir das gezeigt." „Und wie schmeckt das?" „Ganz furchtbar. Es schmeckt genau so furchtbar, wie es aussieht. Aber es sichert das Überleben. Ich hätte es nicht gewagt, da hineinzubeißen, wenn mich der Indianer nicht darauf hingewiesen hätte. Es gibt ja auch viele giftige Pflanzen. Ich interessiere mich sehr für Pflanzen, ich habe mir auch ein kleines Herbarium angelegt. Das macht mir Freude; das entspannt mich. Die Indianer, die so sehr mit der Natur verbunden sind, helfen mir dabei. So haben wir etwas gemeinsam, Gottes Schöpfung, sie ist für alle da. Alle Kinder sind gleich unter Gottes Schöpfung."

Er stand auf. „Ich gehe ein bisschen hinaus", sagte er. „Natürlich", sagte Vater, „an diesem schönen Tag!" Alle merkten, dass er jetzt ein paar Minuten alleine sein wollte.

Er ging Richtung Stall und setzte sich unter den kleinen Baum, den Vater gepflanzt hatte. Er blickte in Richtung Fluss, wo sich schattenhaft die Baumkronen abzeichneten. Eine Weile saß er so da, den Blick in die Ferne gerichtet. Dann legte er sich nieder, die Arme hinter dem Kopf verschränkt. Sicher betrachtete er die großen, weißen, wie Schiffe dahinziehenden Wolken. Vielleicht schlief er auch ein bisschen. Es war ihm zu gönnen.

In der Zwischenzeit wuschen Mutter und Kathie das Geschirr und räumten die Küche zusammen. Vater saß auf der Fensterbank und rauchte eine Pfeife.

„Er muss erschöpft sein", sagte Mutter. „Das glaube ich eigentlich nicht", sagte Vater, „er hat eine unglaubliche Konstitution. Bei allem, was man sich von ihm erzählt, hört man, dass er geradezu unbezwinglich ist. Die Leute fürchten sich vor ihm. Er ist hart und scharf gegen seine Gegner, die natürlich die Gegner der Indianer sind, und großzügig und liebenswürdig gegen alle, die guten Willens sind, und seine Freunde, die Indianer, unterstützen." „Ob er uns erzählen wird, wo er die letzten drei Jahre gewesen ist? Was er alles erlebt hat?" „Ja, vielleicht", sagte Kathie, „aber wir wollen ihn nicht bedrängen."

Es dauerte lange, bis er hereinkam, und jetzt sah er frisch und erholt aus. „Eine Tasse Tee?", fragte Mutter. „Er ist gerade fertig!" „Ja", sagte De Smet, „das wäre jetzt gut." Mutter schenkte ihm eine Tasse ein, die er dankbar in Empfang nahm. „Sie haben wohl schon lange mehr keinen genossen", sagte Vater. „Ja, schon lange nicht. Ab und zu, wenn wir Station bei einem Fort machen, bekommen wir Tee, Kaffee und manchmal Schokolade mit. Aber das ist nicht oft. Und dann, wenn wir durch die Wälder oder unwegsames Gelände reiten, gibt es keine Gelegenheit, etwas zuzubereiten. Oft sehen wir irgendwo Spuren und wissen nicht, wer das ist. Es könnten feindliche Späher sein, die uns beobachten. Da ist uns natürlich alles andere als wohl zumute. Wir reiten weiter, ohne uns umzudrehen. Falls feindliche Späher hinter uns her sind, dann dürfen sie nicht merken, dass wir Verdacht geschöpft haben. Wir suchen uns dann einen Lagerplatz und machen ein großes Feuer. Wir setzen uns um das Feuer und lassen es herunterbrennen. Im Dunkel schleichen wir zu unseren Pferden, steigen auf, und reiten davon, so leise wir können, und auch so schnell wir können. Wir reiten dann die halbe Nacht, bis wir ein geeignetes Versteck finden. Dann satteln wir ab, hüllen uns in unsere Decken und schlafen sofort ein. Es bleibt uns keine Zeit dafür, eine Tasse Tee zu kochen!" Er lachte in seiner gewohnten Art so ein bißchen in sich hinein.

„Wenn Sie im Wald nächtigen, sind da auch Tiergeräusche zu hören?", fragte Kathie. „Ja, natürlich!", sagte De Smet. „Man hört Eulen, das Brummen des Bären, den Schrei eines Pumas, das Heulen der Wölfe." „Und Sie haben keine Angst?", fragte Mutter, die sich mit ihrem Strickzeug zu ihnen setzte. „Nein", sagte De Smet, „wir sind alle in Gottes Hand. Und die Geräusche des Waldes sind angenehm für mich."

„Aber die Spuren der Indianer sind Ihnen unheimlich?", fragte Vater. „Ja", sagte De Smet, „aber in erster Linie wegen meiner Gefährten. Es gibt Indianerstämme, die geschworen haben, den ersten Weißen, der ihnen unterkommt, zu töten. Das kann natürlich auch mich treffen. In der Dunkelheit sind Freund und Feind schwer zu unterscheiden. Einmal wäre mir das beinahe passiert. In letzter Sekunde sah der Crow, der mich attackieren wollte, mein Kreuz, und erkannte mich. ‚Oh, Father!', rief er aus, ‚Wie nahe warst du jetzt der Ewigkeit!' " „Das war knapp,"sagte Vater. „Sie fürchten sich nicht?" „Nein", sagte De Smet, „ich fürchte mich nicht. Sie kennen mich und wissen, dass ich ihnen wohlgesinnt bin. Es gibt aber einen Stamm, und das sind die Sioux. Ihr Haß auf die Weißen ist so groß geworden, daß sie geschworen haben, jeden Weißen, der ihnen begegnet, zu töten. Damit muß man sich abfinden; es kann passieren.

Eines Tages überfielen uns Sioux, die uns schon eine Weile gefolgt waren. Sie hatten Kriegsbemalung, waren bewaffnet mit Gewehren, Pfeil und Bogen. Sie näherten sich uns in Galopp. Ich blieb stehen und zeigte mein Kreuz. Ich hielt es richtig hoch. Da blieben die Indianer stehen. Ein Kanadier, der bei mir war, und der etwas Sioux sprach, sagte zu ihnen: ‚Dieser Mann spricht mit dem Großen Geist. Er kommt, um die verschiedenen Indianerstämme zu besuchen.' Daraufhin legten die Indianer ihre Waffen nieder. Jeder gab mir seine Hand. Ich gab jedem ein bisschen Tabak; das haben sie gerne. Dann setzten sie sich in einem Kreis um mich herum und rauchten die Pfeife der Freundschaft. Manchmal- " hier unterbrach er seine Erzählung und schmunzelte ein bisschen, „muss ich mich sehr bemühen, ernst zu bleiben. Ich neige zum Lachen; und das ist ja eine hochheilige Handlung. Manchmal ist es so, dass wirklich komische, ausgefranste Gestalten um mich herumsitzen, mit dieser lächerlichen Bemalung, und mit todernster Miene ihre Pfeife weitergeben. Ich muss das Lachen unterdrücken, sonst würde es mir schlecht ergehen. Also – der Häuptling lud mich dann ein, die Nacht in seinem Dorf zu verbringen." „Aber das waren doch Sioux?", fragte Vater. „Ja, aber es gibt verschiedene Gruppen, die ‚guten' und die ‚bösen'. Wobei die bösen nicht böse sind, sondern den Glauben an die Weißen verloren haben. Sie wollen sich nur noch rächen, und töten." „Und diese Gruppe gehörte zu den guten?" „Ja. Die aggressiven, die sogenannten Yanktonnais – Sioux, leben jenseits des Missouri. Sie werden angeführt von dem berühmten Häuptling Sitting Bull. – Nun geleiteten sie mich in ihr Dorf, und es wurde mir ein Ehrenplatz im Zelt des Häuptlings gegeben. Umgeben von vierzig Kriegern sagte er: ‚Black Robe, das ist der glücklichste Tag in unserem Leben, denn zum ersten Mal haben wir in unserer Mitte einen Mann, der in der Nähe Gottes ist. Ich lade euch ein zu einem großen Fest, das für euch vorbereitet wird.'

Es gab wirklich ein gewaltiges Fest mit Riesenstücken von Bärenbraten, es wurde bis in die späte Nacht hinein gegessen, geraucht, geredet und gesungen, und ich war dann eigentlich schon froh, als gegen Mitternacht alles ruhiger wurde und ich mich in mein Zelt zurückziehen durfte. Ich war gerade dabei, einzuschlafen, als mir ein Lichtschein auffiel. Ich sah, dass der Häuptling eingetreten war und ein Messer in seiner Hand hatte." „Nein!", rief Mutter entsetzt. „Ja. Der Schein der Kerze war auf den Stahl gefallen; das hatte ich bemerkt. Er setzte mir das Messer auf die Brust –" „Oh nein, bitte nicht!", sagte Kathie tonlos. „Es ist ja nichts passiert, ich bin ja hier", sagte De Smet beruhigend, „Er sagte: ‚Black Robe, fürchtest du dich?' Ich nahm die Hand des Häuptlings, legte sie auf meine Brust und sagte: ‚Fühle, ob mein Herz schneller schlägt als gewöhnlich! Warum sollte ich mich fürchten? Wir haben die Pfeife der Freundschaft mit dir geraucht, ich habe mit dir gegessen, und ich bin so sicher in deinem Zelt wie im Hause meines Vaters.' "

„Das war viel gewagt", sagte Vater ernst. „Nicht allzu viel", sagte De Smet, „wenn man die Indianer kennt, und ihren Ehrenkodex. Der Häuptling wollte nur testen, ob ich wirklich Vertrauen in ihn habe."

De Smet hatte seinen Tee ausgetrunken und erhob sich. „Der Tag ist noch jung", sagte er. „Ich bin es gar nicht gewohnt, so lange untätig herumzusitzen. Hat nicht irgendjemand eine Arbeit für mich? Auf einer Farm gibt es doch immer Arbeit!"

Er und Vater gingen hinaus. Durch das Fenster sah Kathie, wie sie Richtung Stall gingen. Sicher zeigte Vater ihm die Tiere. Dann zeigte er ihm seine Felder; ein Maisfeld, ein Getreidefeld und ein Rübenfeld. Dann gab es noch Kartoffeln, Kürbisse, Tomaten und Bohnen. Später hörte Kathie ein Hacken und Sägen, und abends erzählte Vater, das De Smet ihm geholfen hatte, den Zaun zu erneuern und den Stall auszubessern. „Er hat eine enorme Körperkraft", sagte Vater zu Mutter, als er wieder hereingekommen war. De Smet war draußen bei den Tieren geblieben. „Er hebt einen schweren Balken, als wäre er ein Zündholz. So einen Nachbarn könnte ich gut gebrauchen!" Er wusch sich in der Waschschüssel hinter der Tür und trocknete sich ab. „Richte etwas Gutes für uns her!", sagte er zu Mutter. „Er wird hungrig sein."

Kurz danach kam De Smet herein. „Zeit für das Abendessen!", sagte Mutter, „ich hätte Bohnensuppe vorbereitet. Mögen Sie Bohnensuppe?" „Ja, gern", sagte De Smet, „Bohnensuppe gehört zu meinen Lieblingsgerichten!" „Zu meinen auch", sagte Kathie strahlend.

„Wir könnten eigentlich im Freien essen", sagte Vater, „jetzt, da das Wetter so schön ist. Und es ist ja auch noch ganz hell." „Gern", sagte De Smet. Er und Vater setzten sich auf die Bank vor dem Haus, während Mutter die Suppe wärmte und Kathie das frische Brot schnitt, das sie heute früh gebacken hatten. Durch die Tür kam das Geplauder der beiden Männer und der Rauch von Vaters Pfeife. Natürlich unterhielten sie sich über die aktuelle Situation. Vater erzählte von seiner; dass sie sehr zusammenhalten würden, aber doch alle miteinander nicht wussten, was zu tun sei, und sie nur von einem Tag auf den anderen lebten.

Dann brachten Mutter und Kathie das Essen und alle aßen mit großem Appetit bis auf Kathie, die ihre Augen nicht von De Smet wenden konnte. Sie war so glücklich, ihn hier zu haben. Ein guter Freund für ihren Vater, ihre Mutter, und auch für sie! Was konnte es Schöneres geben!

In der Zwischenzeit war die Dämmerung hereingebrochen, Glühwürmchen waren in der Luft, und ab und zu stieß ein dunkler Vogel auf die Prärie nieder. „Was für eine Stimmung!", sagte Vater. „Bitte, Kathie, bring mir die Mundharmonika!"

Kathie brachte sie sofort. Sie war Vaters Schatz, in einem grünen Lederetui, und hatte ihn auf allen seinen Reisen begleitet. Er packte sie aus, intonierte ein bisschen. Dann begann er zu spielen: „Am Morgen sangen die Vögelein, die Blumen standen in Blüte, und überall war Sonnenschein, er war auch in meinem Gemüte." Mutter und Kathie sangen mit, aber Mutter sagte dann: „Das passt ja gar nicht, John! Kannst du nicht etwas anderes spielen?" Sie mussten alle lachen. Er spielte noch ein paar flotte Lieder, und Mutter und Kathie sangen mit, so gut sie konnten. Dann aber intonierte er sehr feierlich, und alle sangen:

> *„Should auld acquaintance be forgot*
> *and never brought to mind?*
> *Should auld acquaintance be forgot,*
> *and days of auld lang syne?"*

Hier erhob auch De Smet seine Stimme und sang mit. Es war eine warme, weiche Stimme, und sie traf Kathie bis ins innerste Herz. Sie hörten beide auf zu singen und summten nur, damit sie den Klang seiner Stimme hören konnten. Sie stieg auf und vermengte sich mit dem Sternengeglitzer. Kathie war glücklich. Sie wünschte sich, dieser Abend möge ewig dauern. Sie dachte an die Lieder, die frühere Tage besangen. Dieser Tag hier war jetzt. Er konnte niemals früher oder später sein. Er war jetzt. Und sie waren alle zusammen.

Am nächsten Tag gingen Vater und De Smet auf die Felder. Dann arbeiteten sie im Stall. Später kamen sie herein, und Mutter hatte ein gutes Frühstück vorbereitet. „Pfannkuchen!", rief De Smet „So etwas habe ich schon seit Ewigkeiten nicht mehr gegessen!" Mutter legte jedem von ihnen vor, und goss auch Ahornsirup darüber. Danach gab es noch Zwieback mit dem guten Preiselbeergelee, das Mutter im Herbst gemacht hatte.

Später gingen sie wieder aufs Feld und arbeiteten bis zum frühen Abend. Kathie hörte auch Sägen, Klopfen und Hacken, und sie wusste, dass die beiden Verschiedenes reparierten. Auf einer Farm gab es immer viel zu tun.

Endlich kamen die beiden herein. Kathie hatte den Tisch ganz besonders schön gedeckt und eine Vase mit Prärieblumen in die Mitte gestellt. Sie hatte ein Tischtuch ausgebreitet und es gab auch Servietten. Löffel, Messer und Gabeln lagen bereit, und schon kam Mutter und füllte die dampfendheiße Suppe in die Teller. Es gab auch Brot, Butter, Käse und frischen Salat aus dem Garten.

„Was die Farmarbeit betrifft, so schlagen Sie mich," meinte Vater nach dem Essen, indem er sich behaglich zurücklehnte und sich eine Pfeife anzündete. „O nein", sagte De Smet, „ganz bestimmt nicht. Wieso sagen Sie denn das?" „Sie sehen einfach alles. Und sie sind so geschickt!" „Das hat mich die Not gelehrt", sagte De Smet. „Wir sind zu dritt in St. Louis angekommen, und wir hatten einfach *nichts*. Wir mussten uns selber Hütten bauen, sie notdürftig einrichten, selber kochen, selbst unsere

Kleider flicken, wir waren auf uns allein gestellt. Wir hatten keine Hilfe. Das ist der Grund, weshalb ich von allem ein bisschen etwas kann. Wenn man anderen helfen will, dann muss man sich zuerst selber helfen." „Sie haben aber immer Ihre große Aufgabe vor sich gesehen, und das hat Sie stark gemacht", sagte Mutter. „Ja", sagte De Smet, „Sie haben recht. Unsere große Aufgabe war und ist immer, Seelen zu retten. Aber unsere Anfänge waren armselig; kläglich. Wir mussten die Messen oft in Hütten halten, die kein Dach besaßen, und wo die Gläubigen Wind und Wetter ausgesetzt waren. Im Winter war der Altar mit Schnee bedeckt, und im Sommer schmolz das Wachs von den Kerzen. Das alles muss man aushalten, und man darf das große Ziel nicht aus den Augen verlieren."

„Ihre Sorge hat natürlich auch den Weißen gegolten?", fragte Vater. „Ja, natürlich. Viele lebten in einsamen Siedlungen, oft zehn bis zwanzig Meilen voneinander. Wir mussten sie suchen; oft unter Lebensgefahr. Manchmal verbrachten wir die Nacht dann mitten im Wald, umgeben vom Heulen der Wölfe, wir mussten Flüsse zu Pferd überqueren, oder auch in einem Kanu. Uns ist es allen aber immer gesundheitlich gut gegangen.

Nach und nach ist es mir aber zu Bewusstsein gekommen, wie es den Indianern geht. Ihres Landes beraubt, immer nach Westen getrieben durch die Weißen, fanden sie Halt und Zuflucht in der katholischen Kirche. Immer wieder kamen Gruppen und baten um einen katholischen Priester.

So kam es dazu, dass wir die erste Mission bauten. Das war die St. Joseph's Mission für die Potawatomi-Indianer. Und sie wurde ein Erfolg.

Dann wurde St. Mary's Mission gegründet, inmitten der Salish-Indianer. Diese lieben das nomadische Leben, und es war schwer, sie an einem Fleck zu halten. Ich schrieb öfter an die Regierung und bat sie, mir zu helfen, sie in Dörfern zusammenzuhalten, sie die Landwirtschaft zu lehren, ihnen Werkzeug, Tiere und Samen zur Verfügung zu stellen."

„War das schwierig?", fragte Vater. „Ja", gab De Smet zu, „sehr schwierig. Von beiden Seiten her. Die Indianer lieben das freie Leben; sie werden unruhig und auch unglücklich, wenn sie längere Zeit an derselben Stelle bleiben müssen. Und von der anderen Seite her hat es auch nicht geklappt. Sie haben die Dinge, die ihnen versprochen wurden, nicht bekommen. Ich kann nur bitten, nicht fordern. Ich habe keine Macht."

„Doch", sagte Mutter, „Sie haben Macht. Sie sind bekannt. Und Sie verkehren doch in Regierungskreisen. Man wird auf Sie hören." „Man hört auf mich", sagte De Smet langsam. „Und man verspricht mir viel. Aber zwischen Theorie und Praxis klafft eine große Lücke."

„Haben Sie Pläne?", fragte Vater. „Ja", sagte De Smet, „die habe ich. Ich möchte meinen Indianern helfen. Ich möchte sie glücklich sehen. Aber da ist jetzt etwas anderes an mich herangetragen worden, von der Regierungsseite her, und ich weiß nicht, wie ich mich da verhalten soll. Es ist in den Black Hills Gold gefunden worden, was einen Ansturm der Weißen auf die Indianergebiete zur Folge hatte. Der Superintendant für indianische Angelegenheiten plant nun ein Konzil in Fort Laramie, wo die Indianer eine Entschädigung erhalten sollen für das Land, das die Weißen ihnen weggenommen hatten für den Bau einer Autobahn, und für die Forts, die entlang der Route errichtet werden sollen."

„Werden die Indianer darauf eingehen?", fragte Vater. „Das wissen wir alle nicht", sagte De Smet. „Der Regierungsbeamte bittet mich nun um Mithilfe, um größeres Blutvergießen zu vermeiden. Er weiß, dass ich Einfluss auf die Indianer habe und die verschiedenen Stämme kenne." „Was werden Sie tun, Father?", fragte Kathie. „Mithelfen. Ich kann nicht anders. Obwohl ich weiß, dass den Indianern wieder großes Unrecht geschieht. Dieses Land ist ihnen zugesagt worden, und nun müssen sie wieder weg, oder große Einbußen auf sich nehmen." „Kennen Sie auch Plätze, an denen man Gold findet?", fragte Mutter. „Ja, ich kenne welche. Aber ich würde sie niemals verraten."

Das waren goldene Tage. Sogar das Wetter spielte mit; es gab jeden Tag nur Sonnenschein. Untertags arbeitete man im Freien, Mutter und Kathie auch im Haus, und abends saß man gemütlich beisammen. De Smet erzählte von seinen Reisen, wobei es ihm besonders der Missouri angetan hatte, seine schönen Ufer, die Natur, die Tier- und die Pflanzenwelt. Er schilderte so detailgenau, dass es Vater und Mutter und Kathie vorkam, als würden sie alles miterleben. Sie fuhren mit ihm im Boot und sahen die Ufer vorübergleiten, sie sahen Wasservögel sich aus dem Schilf erheben, sie erschraken mit ihm, wenn eine Gruppe von Indianern am Ufer stand und ihn und seine Leute zwangen, zu landen. Man wusste ja nicht, ob es Freund oder Feind war. Wenn die Indianer dann das Kreuz sahen, das er um den Hals hängen hatte, waren sie schnell beruhigt und hießen ihn mit Freude willkommen. Manchmal musste er dann in ihr Lager mit, was die Fahrt sehr verzögerte, und seinen Terminplan durcheinanderbrachte, aber er verstand es auch immer, die Gunst der Stunde zu nützen, von Gott zu erzählen und Kinder zu taufen, um ihnen, wie er sagte, „den Weg zum Himmel zu öffnen". Es ergaben sich Freundschaften, und die Indianer sind treue Freunde.

„Wenn ich den Missouri hinauffahre", so erzählte er einmal, „dann höre ich manchmal sämtliche Sprachen der Welt, sehe Leute in allen Farben, weiß, schwarz, gelb, rot, und sämtliche Schattierungen dazwischen. Die Passagiere steigen aus, wo sie möchten, um Farmen zu gründen, Mühlen zu bauen, kleine Städte und Dörfer entstehen wie durch Zauberhand, an beiden Seiten des Flusses."

„Ist die Landschaft schön?" fragte Kathie. „Sehr schön. Es gibt eigentlich alles: Felsen, Ebenen mit Büschen und Bäumen; Eichen, Nussbäume, Ahorn, Pappeln. Es gibt auch Hartriegel, der im Frühjahr weiß blüht, und im Herbst rote Beeren trägt. Dann gibt es wilde Kirschen, Maulbeeren, und vieles mehr.

Die Ufer des Flusses brechen aber immer wieder herunter, deshalb ist das Wasser auch ziemlich schlammig. Sandbänke und untergegangene Bäume sind so häufig, dass man sich langsam an sie gewöhnt und nicht mehr daran denkt, welche Gefahr sie darstellen. Das Boot kann jederzeit kippen, untergehen, Leute und Ware können darunter verschwinden, auch Tiere,..."

Er stockte, und Kathie spürte, dass er da einmal ein schlimmes Erlebnis gehabt hatte und nicht darüber sprechen wollte.

„Wenn wir über Land reisen, dann sehen wir manchmal einsame Begräbnisplätze von Indianern. Es handelt sich da sicher um hochstehende Persönlichkeiten, denn die Gräber sind sehr sorgfältig ausgeführt. Der Körper ist in sitzender Haltung in einer kleinen Kabine aufgerichtet, die aus zusammengeflochtenen Zweigen besteht, um die Wölfe abzuhalten. Das Gesicht des Toten ist rot gefärbt, und der Körper mit Kriegssymbolen bemalt. Daneben liegen Speisen, getrocknetes Fleisch, Tabak, Pulver und Blei, Gewehr, Bogen und Pfeile. Ein paar Jahre lang kommen die Familien jeden Frühling zurück, und bringen neue Speisen. Sie glauben daran, dass die Seele des Verstorbenen längere Zeit in der Nähe des Körpers bleibt, und sich dann erst in das Seelenland erhebt."

„Ein schöner Glaube", sagte Kathie. Mutter sah zweifelnd drein. „Ist es nicht schöner, wenn sich die Seele von Körper löst und im gleichen Augenblick zum Himmel fährt und dort von Gott, von Jesus, Maria und unseren Engeln empfangen wird?"

„Trotzdem ist er schön", beharrte Kathie. De Smet warf ihr einen warmen Blick zu. „Er gefällt mir auch. Aber er ist heidnisch. Wir glauben das einfach so nicht. Ihre Begräbnissitten werfen auch ein bezeichnendes Licht auf die Indianer. Ihr Zusammenhalt, ihre Liebe zu ihrer Familie. Das ist auch einer der Gründe für den Hass, den die Indianer gegenüber den Weißen hegen. Die Regierung setzt sie immer wieder an andere Stellen, die nicht nur unfruchtbar sind, sondern die sie auch weit weg von den Begräbnisstätten ihrer Vorfahren bringen.

„Was hindert sie daran, unseren Glauben anzunehmen?", fragte Mutter. Es ist ein Glaube der Liebe, ohne Hass und Rache. Wenn sie nach und nach in das hineinkommen ..."

„Es hindert sie vieles", sagte De Smet. „Zuerst einmal das Althergebrachte. Das Magisch-Mythische. Dann aber auch ganz konkrete Dinge wie das Trinken. Die Boote bringen immer wieder Mengen von Alkohol. Es ist unbegreiflich, und wirklich furchtbar, wie sehr die Indianer dem Trinken anhängen. Und dann werden sie grausam, grausam auch gegen ihre eigenen Familienmitglieder, an denen ihnen im Normalzustand so viel liegt. Da benehmen sie sich wie die Barbaren. Was ich da schon gesehen habe, das könnte ich nicht erzählen. Würde auch nicht."

„Sehen Sie", sagte Mutter, „das sind die Wilden!" „Und woher bekommen sie den Alkohol?", fragte De Smet, „durch die Weißen, sonst hätten sie ihn ja nicht."

„Interessiert sie unser Glaube eigentlich?", fragte Vater. „Ja", sagte De Smet, „es hat schon Situationen gegeben, die für mich so herzerwärmend und vielversprechend waren, dass ich mir gedacht habe: „Jetzt habe ich sie! Ich kann sie für unseren wunderbaren Glauben begeistern! Stellt euch vor, wir sitzen auf der Wiese, umgeben von Blumen, und ich erzähle ihnen Geschichten aus der Heiligen Schrift, von der Schöpfung, der Sintflut, der Arche Noah; das gefällt ihnen natürlich. Wenn ich bei ihnen sitze, habe ich das Gefühl, ich sitze mit Kindern zusammen. Wir lachen und scherzen und essen ... obwohl das manchmal eine Strafe ist, was ich da essen muss ..." „Unschuldig? Wie Kinder?", fragte Mutter mit großen Augen. „Sie können sehr böse sein!" „Wir auch", sagte De Smet ernst.

Kathie wusste, dass diese Zeit der innigen Gemeinschaft nicht ewig dauern würde. Und eines Tages war es so weit: die Stunde des Abschieds war gekommen. Es war ein strahlend klarer Herbsttag, als er seine Lizette aus dem Stall führte. Seine Habseligkeiten hatte er in seiner Reisetasche verstaut, auch Mutters Proviant. Er gab jedem die Hand. Sie fühlten, dass auch er unter Trennungsschmerz litt. „Sprechen Sie ein Gebet für uns,

Father", sagte Mutter bewegt. Er überlegte einen Augenblick lang und dann sagte er: "Ich möchte mich mit einem Gedicht verabschieden, das ein Indianer an den Großen Geist gerichtet hat. Und es passt für uns Weiße auch:

,Ich bin eine Feder am strahlenden Himmel,
ich bin das blaue Pferd, das in der Ebene läuft,
ich bin der Fisch, der glitzernd im Wasser sich rollt,
ich bin der Schatten, der einem Kinde folgt,
ich bin das Abendlicht, das Leuchten der Wiesen,
ich bin ein Adler, der mit dem Winde spielt,
ich bin das Prasseln des Regens,
ich bin das Glitzern auf dem Harsch des Schnees,
ich bin die lange Spur des Mondes auf einem See,
ich bin eine Flamme von vier Farben,
ich bin ein Pfeil von Gänsen am Winterhimmel,
ich bin der Traum all dieser Dinge.
Ihr seht, ich lebe, ich lebe, ich lebe!
Mein Verhältnis zur Erde ist gut,
mein Verhältnis zu den Göttern ist gut,
mein Verhältnis zu allem Schönen ist gut.'

So empfinden die Indianer, wenn sie an den Großen Geist denken. Das ist ein Lob der Schöpfung, und ich glaube, wir können auch so empfinden."

Er wendete sein Pferd und ritt fort. Er ritt den Indianerpfad hinunter und verschwand hinter dem Hügel. Vater zuckte die Achseln und ging ins Haus. Mutter folgte ihm schweigend. Sie begann das Abendessen vorzubereiten. Vater zündete sich eine Pfeife an und sagte: "Es war schön, jemanden hierzuhaben, der so anpacken kann. Alles sieht er, alles kann er; es war ein Vergnügen mit ihm zu arbeiten. Unsere Farm ist jetzt perfekt. Der Zaun ist gerichtet, der Stall ist ausgebessert, am Dach sind die Schäden, die der Sturm angerichtet hat, beseitigt …" „Und die wunderbaren Geschichten am Abend!", sagte Mutter. „Wir werden ihn so vermissen."

Kathie sagte nichts. Sie ging die Stiegen hinauf in ihre Dachstube, legte sich auf ihr Bett und vergrub ihr Gesicht in ihrem Polster. Dann ging sie wieder hinunter und half ihren Eltern. Nun hatte sie wieder mehr zu tun.

Neue Siedler

Eines Tages schickte Mutter Kathie zur Familie White, um wieder Kontakt aufzunehmen. Sie gab ihr ihre Schulbücher mit, in der Hoffnung, Mrs. White würde Zeit für die Mädchen finden und sie wieder ein bisschen zu unterrichten. Die Freude war groß, als Kathie eintraf und sie selbst war ganz erstaunt, wie froh sie war, diese Familie wiederzutreffen. Frau White umarmte sie immer wieder, sodass sie in ihrer weichen, wogenden Umarmung fast verschwand. Sie war wie eine zweite Mutter. Sie brachte Kuchen und Himbeerwasser, von Himbeeren, die sie im Vorjahr im Talgrund gepflückt und zu Saft verarbeitet hatten. Die Kinder aßen mit Lust, und Frau White fragte sehnsüchtig, ob ihre Eltern nicht auch einmal Zeit hätten, vorbeizukommen. Besonders war es ihr natürlich um Mutter zu tun, mit der sie sich sozusagen „von Frau zu Frau" unterhalten konnte. Sie hatte ein neues Heft von „Godey's Lady's Book" bekommen, das sie mit Mutter gemeinsam durchsehen wollte – was Mutter, das wußte Kathie, nicht sonderlich interessieren würde –, auch hatte sie einen Katalog bekommen, aus dem man Geschirr und andere nützliche Gegenstände bestellen konnte, und man konnte sich über praktische Dinge unterhalten; wie die Schwierigkeiten eines Präriehaushalts zu meistern waren, und vieles mehr. „Mutter kommt bald", sagte Kathie zuversichtlich, denn sie wußte, daß diese sich ebenfalls gern mit Frau White unterhalten würde. Es gab noch ein drittes Ehepaar, Mr. und Mrs. Wilder, mit einem Baby, die konnte man dann auch mit einbeziehen.

Alle drei Männer waren Farmer, und so gab es sicher viel Gemeinsames, und auch Gesprächsstoff. Das alles dominierende Thema waren natürlich die Indianer.

Um die Weihnachtszeit war es endlich so weit. Alle Familien kamen zusammen. Zwei Junggesellen hausten noch zwei Meilen weiter in einer Bodensenke; sie hatten zwei Grundstücke erworben, oder „in Beschlag gelegt", und ihr Haus genau an der Grenze dieser Grundstücke errichtet. Je eine Hälfte befand sich auf einem Grundstück. Sie wohnten also in einem Haus, aber auf zwei Grundstücken. Es waren zwei lustige Männer, aber alles andere als Farmer. Sie waren Jäger und Fallensteller und oft tagelang nicht zu Hause. „Wenn ihnen nur die Indianer nicht einmal in ihrer Abwesenheit die Bude anzünden", sagte Vater einmal bedenklich. „Das kann schon sein", sagte Mr. White, „aber ich glaube, das würde ihnen nicht allzu viel ausmachen. Sie lieben das Risiko. Sie werden ihre Hütte halt dann wieder aufbauen. Sie halten sich auch oft in Städten auf, in denen etwas los ist; Oswego, Abilene, Independence. Sie sind nicht so wie wir, die wir sozusagen ‚an der Scholle hängen' und etwas aufbauen wollen." „Und doch wäre es gut, wenn sie dableiben", sagte Vater, „Je mehr wir sind ..." Er brach ab und sah Kathie an. „Was wünschst du dir, Kathie?", sagte er dann, „Ich wünsche mir eine kleine Gemeinde, ein Geschäft, eine Schule, eine Kirche ... Dass dann auch andere Menschen herziehen, weil sie denken, dass man hier gut leben kann – und Freundschaft mit den Indianern, die hier in der Nähe leben und deren Land wir in Besitz genommen haben."

Mrs. White sah bedenklich drein. „Du glaubst doch nicht, dass diese Menschen, denen wir das Land weggenommen haben, irgendetwas wie Freundschaft uns gegenüber empfinden würden?" "Wir wussten nicht, dass es Indianer-Land ist", sagte Kathie. "Wenn wir in Kontakt mit ihnen kommen könnten, und ihnen es erklären könnten, dann würden sie es verstehen." "Selbst wenn wir Kontakt zu ihnen hätten – was Gott verhüten möge – wir sprechen ja ihre Sprache nicht! Wie könnten wir uns verständlich machen, und ihnen irgendetwas erklären?" "De Smet könnte es", sagte Kathie, "er spricht die Indianersprachen." "Er ist aber nicht da", sagte Mr. White, "und er hat Wichtigeres zu tun!" "Ich darf sagen, was ich mir wünschen würde!", sagte Kathie. "Ich wünschte mir, wir hätten eine kleine Kirche, und ein paarmal im Jahr würde Father De Smet kommen und hier Messen halten. Ich weiß, dass das nicht geht, und dass er monatelang auf Reisen ist, aber ich würde es mir wünschen. Das darf ich sagen. Und ich weiß auch, daß das hier für ihn nicht zu gering wäre. Es wäre für ihn wichtig genug. Und er wäre wie ein Magnet, der die Menschen anziehen würde. Und unsere Gemeinschaft würde immer größer werden." "Das sind schöne Gedanken, Kathie", sagte Mutter warm, "und ich verstehe dich gut. Man kann nicht in die Zukunft schauen. Wer weiß, was noch alles kommen wird."

In der Zwischenzeit hatten Frau White und die Mädchen eifrig in der Küche gearbeitet und kamen nun heraus, um die Gäste zu bewirten. Es gab Brot und Schinken, Eier, Kartoffeln und kleine, eingelegte Essiggurken. Dann gab es heiße, braune Kuchen mit Ahornsirup und Kompott aus getrockneten Früchten. Zu trinken gab es Tee, Kaffee und frisches Wasser.

"Ich wollte, wir könnten wieder zum Fluss hinuntergehen und Beeren pflücken", sagte Billie sehnsüchtig.

„Dann könnte Mutter wieder einen guten Saft daraus machen." „Das geht jetzt im Augenblick nicht", sagte Mr. White. „Und so, wie ich die Dinge sehe, wird es auch in absehbarer Zeit nicht anders sein." „Und wann wird es wieder gehen?", fragte sie. Mr. White und Vater sahen einander an. „Das wissen wir nicht", sagte Vater, „wir leben hier in einer sehr großen Unsicherheit."

„Was sagt De Smet zu dieser Situation?", sagte Mr. White später, als das Geschirr gewaschen war und alle gemütlich beisammensaßen. „Er ist sich über die Zusammenhänge auch nicht im klaren", sagte Vater. „Es gibt verschiedene Stämme, und in den Stämmen gibt es unterschiedliche Menschen. Die einen hassen und verabscheuen die Weißen, die anderen wollen mit ihnen in Frieden leben, wohl auch deshalb, weil sie ahnen, dass Gegenwehr ihren Untergang nur beschleunigen würde. Er ist zu einem Konzil eingeladen worden; in Laramie. Dort wollen die Weißen mit den Häuptlingen der verschiedenen Stämme verhandeln. Dazu brauchen sie De Smet, damit sie zu einem guten Ergebnis kommen. Er kennt die Indianer wie kein anderer. Er kann zwischen den einzelnen Stämmen vermitteln. Das ist mehr wert als Waffengewalt."

„Was glauben Sie, wie er vermitteln wird?" „Er möchte sie an ihren gemeinsamen Ursprung erinnern. Sie müssen zusammenhalten, und ihre gemeinsamen Interessen verteidigen. Er möchte sie so weit bringen, dass sie das Recht der USA anerkennen, Straßen und Militärposten in ihrem Territorium zu bauen." „Das Recht?", fragte Kathie mit einer leisen Abwehr in ihrer Stimme. „Ich weiß, was du meinst", sagte Vater. „Aber er muss und wird es versuchen, wenn er ihnen helfen will. Er möchte aber auch bewirken, dass sie zahlen für alle Verluste und Schäden, die sie den Weißen zugefügt haben."

Mr. White sah skeptisch drein. „Natürlich gibt es etwas für die Indianer", sagte Vater, „sonst würde diese Sache ja überhaupt nicht funktionieren. Die Indianer würden fünfzig Jahre lang ziemlich viel Geld erhalten, das sie verwenden könnten, wie es ihnen beliebt." „Um es in Alkohol umzusetzen", sagte Mrs. White, „das ist ja ihr Hauptgedanke. Und dann, wenn sie in diesen Zustand geraten, noch nebenbei ein paar Weiße zu skalpieren. Etwas anderes fällt ihnen ja doch nicht ein!" „Aber Bessie!", sagte Mr. White. „Na ja, es stimmt", hörte sich Kathie sagen, obwohl sie das gar nicht sagen wollte, „er sagte einmal, dass Indianer ganz außer Rand und Band geraten würden, wenn sie mit Alkohol in Berührung kämen. Und wie kommen sie mit Alkohol in Berührung? Durch die Weißen. Sie zahlen oft für ihre schöne Felle mit Alkohol."

„Nun, wir müssen warten, was bei dieser Sache herauskommt", sagte Vater. „Er wird sein Bestes tun, ausgleichend zu wirken. Und das kann er. Ich bin nur neugierig, ob sich das in unsere abgeschiedene Ecke, in der wir hier leben, auswirken wird." „Wird es schon", sagte Mr. White, „die Indianer sind ja überall. Und Independence ist ein großes Zentrum."

Das Treffen von Laramie

So vergingen Tage, Wochen und Monate. Hilfe im Haushalt, Schule bei Mrs. White, Feste und Feiertage, Fahrten nach Independence, um etwas „Stadtluft" schnuppern zu können. Vaters Farm hatte sich ein bisschen vergrößert. Jack und Jim, die beiden Junggesellen, kamen des Öfteren, um Vater zu helfen und auch Kontakt zu pflegen. Sie brachten auch immer „Neuigkeiten aus aller Welt", wenigstens aus dieser kleinen Welt, in der sie sich befanden.

Von De Smet hörten sie ab und zu, betreffend die Vorbereitungen auf das Indianertreffen in Fort Laramie, aber viel wussten die beiden auch nicht, die sich vorzugsweise in den Saloons von Abilene und Oswego aufhielten. Vater jedoch bezog seine Neuigkeiten aus Irwin's Grocery in Independence, in der sich gelegentlich auch Indianer aufhielten, die friedlich waren, und weit herumkamen.

„Dieses Treffen wird bald stattfinden", sagte Vater eines Abends, als er wohlbepackt mit vielen guten Dingen aus Independence wieder nach Hause kam. Mutter freute sich über Cracker, eingelegtes, saures Essiggemüse, Tee, braunen und weißen Zucker, Mehl, und viele Dinge, die das Leben auf einer einsamen Farm angenehm machten. Er erzählte, wie gemütlich es in Irwin's Grocery zugegangen war. „Die einen spielten Karten, die anderen ein Würfelspiel, und die meisten unterhielten sich über Dinge, die das Leben hier bei uns betreffen. Das mit den Indianern scheint im Augenblick kein Problem zu sein."
„Aber wie lange?", fragte Mutter, die eben einen Ballen

Stoff, den Vater ihr mitgebracht hatte, aufrollte. Es sollten neue Vorhänge werden.

„Hört man etwas von De Smet?", fragte Kathie leise. „Ja", sagte Vater. Man hört von ihm. Er ist natürlich in aller Munde. Er ist ein berühmter Mann." „Näheres weiß man nicht von ihm?", fragte Kathie. „Nein. Nur dass er im Land herumreist, oft Tausende Meilen weit, die Indianer besucht, sie tröstet, Kinder tauft, versucht, Frieden zu stiften und verfeindete Indianerstämme wieder zusammenzubringen, und vom christlichen Glauben erzählt, der die Tür zum Himmel und zum ewigen Leben öffnet." „Gut", sagte Kathie, „es ist gut. So wissen wir wenigstens, dass er lebt!" „Ja", sagte Vater, „aber er lebt gefährlich."

Man schrieb das Jahr 1851. Es war September, ein goldener Herbsttag. Kathie stand vor der Tür und beobachtete, wie ein Planenwagen sich ihrem Grundstück näherte. Das war eine Seltenheit hier und so blieb sie stehen und fragte sich, ob es vielleicht Personen waren, die bei ihnen Rast machen wollten. Aber der Wagen hielt in einiger Entfernung und ein Mann sprang heraus. Er trug eine schwarze Kutte und jemand aus der Kutsche reichte ihm seine Reisetasche zu ihm hinunter. Kathie stand starr vor Staunen und Freude. Dann aber fing sie zu laufen an. „Father De Smet! Father De Smet!" Sie blieb vor ihm stehen, ganz außer Atem. Er aber nahm sie in seine Arme. „Kathie! Meine Kathie!" Er drückte sie fest an sich und ließ sie dann wieder los. „Wie geht es dir? Und euch?" „Oh, gut!", sagte sie, und sah ihn strahlend an. „Und jetzt noch besser, tausendmal besser!"

Gemeinsam gingen sie ins Haus.

Wie staunten die Eltern über ihren Gast! „Das darf nicht wahr sein, das darf nicht wahr sein!", sagte Vater ein über das andere Mal, während Mutter sofort zum Herd lief, um etwas Gutes vorzubereiten. De Smet setzte sich auf die Bank beim Fenster, auf der er schon so oft gesessen war. „Gibt es etwas, was einen müden Wanderer erfrischen könnte?", fragte er augenzwinkernd, denn er wusste, dass er im Handumdrehen einen gefüllten Teller vor sich haben würde. So gut kannte er Mutter schon. Und so war es auch: gebackene Bohnen, Speck, Eier und frisches Brot. Er langte zu mit dem gleichen Appetit, den sie an ihm schon kannten. Kathie war so glücklich, dass sie kein Wort herausbrachte.

Dann holte Vater eine große Überraschung: eine Flasche Wein! Er war vor ein paar Tagen in Irwin's Grocery gewesen und hatte eine gekauft. „Zu einem ganz besonderen Anlass!" hatte er gesagt. Und dieser Anlass war natürlich heute!

Nach dem Essen schenkte Vater ein; ein großes Glas für De Smet, ein kleineres für sich und Mutter, und auch Kathie bekam ein bisschen davon. Alle kosteten, und bewunderten die blutrote Farbe in den Gläsern. Allen war so warm und angenehm zu Mute. Das war ein glücklicher Abend.

„Konnten Sie in letzter Zeit einmal etwas Gutes essen?", fragte Kathie, die in der Zwischenzeit ihre Sprache wiedergefunden hatte. „Ja", sagte De Smet und zwinkerte ihr zu. „Es war Hund." „Was!", schrie Kathie, und im gleichen Augenblick wurde ihr bewusst, dass ein junges Mädchen nicht so schreien sollte. Aber sie liebte Hunde. „Das gibt es doch nicht", sagte sie leise. „Doch, das gibt es schon", sagte De Smet, „die Indianer essen Hunde, das ist ein ganz normales Essen bei ihnen. Und es schmeckt gut. Sie kochen sie mit Kräutern und verschiedenen Gewürzen.

Ich wusste zunächst auch nicht, dass es Hund war und ich habe dann gefragt. Es wäre eine sehr große Unhöflichkeit gewesen, das dann zurückzuweisen. Und so musste ich es essen. – Du liebst ja auch Hühner, aber irgendeinmal wirst du sie essen. Ist das nicht so?" „Ja, Father", gab Kathie zu, „Es ist schon so."

„Haben Sie Zeit, uns ein bisschen etwas zu erzählen?", fragte Vater. „Wie gehen die Dinge weiter?" „Es hat jetzt ein großes Treffen gegeben, das Council von Laramie. Dort waren um die 10.000 Indianer, die verschiedensten Stämme, und es wurde den Indianern eine Entschädigung zugesagt für das Land, das die Weißen für die Autobahn in Beschlag genommen, und die Forts, die entlang der Autobahnen errichtet worden waren. Ich versuchte alles, um die Häuptlinge dazu zu bewegen, auf diese Bedingungen einzugehen. Ich weiß, dass mein Einfluss auf sie größer ist als die Versprechen und Drohungen der Regierung.

Es wurden den Dolmetschern die Vorschläge Punkt für Punkt vorgelesen und erklärt, und diese gingen dann von Gruppe zu Gruppe der verschiedenen Stämme. Ich habe alles Menschenmögliche getan, um sie von den guten Absichten der Regierung zu überzeugen. Und sie folgten meinem Rat."

„Sie haben Großes getan", sagte Vater. „Ich möchte alles für die Indianer tun", sagte De Smet, „deshalb bin ich ja auch nach Amerika gekommen. Ich möchte aber auch den Weißen helfen. Diese fruchtbaren Felder laden doch dazu ein, bebaut zu werden. Es gibt einfach alles hier für den Farmer. Obst- und Weingärten könnten entstehen, die Wälder laden den Holzfäller ein, Scharen von Haustieren könnten sich hier ungehindert bewegen. Aber was wird aus den Indianern, die das Land hier schon vor urdenklichen Zeiten besessen haben? Ich denke in alle Richtungen, und ich finde keine Antwort."

„Die Indianer könnten zur Schule gehen, sich assimilieren, und dann ein Teil der amerikanischen Gesellschaft werden", sagte Vater. „Das könnten sie", sagte De Smet. „Und zum Teil tun sie das auch. Dann kommt aber die Verordnung, dass der Stamm weiterziehen muss. Das ist nicht erst einmal passiert.

Es ist aber auch so, dass die Indianer das nomadische Leben lieben. Es liegt ihnen einfach im Blut. Sie sind Jäger und Sammler. Auf einmal möchten sie weiterziehen. Und die Mission verwaist."

Kathie wollte das gar nicht mehr hören. Sie spürte, wie sehr ihn das bedrückte.

„Erzählen Sie uns von Ihrer Heimat", sagte sie. „Woher kommen Sie?" Sie spürte, wie ihn das belebte. Sie hatte das Ziel erreicht, seine Gedanken, die ihn belasteten, von seinen Problemen etwas fortzubewegen.

„Ich komme aus Belgien", sagte er, „aus einer guten Familie. Mein Vater besaß dort eine Schiffswerft, die jetzt mein Bruder übernommen hat. Ich habe Geschwister, Nichten und Neffen, an denen ich sehr hänge. Wir schreiben uns oft. Ich war auch, seit ich in Amerika bin, ein paarmal dort, um meine Familie zu besuchen und auch Geld für meine Missionen zu sammeln. Und – so gerne ich in Amerika bin – es ist immer sehr hart, sich von der Familie, aus der ich stamme, zu verabschieden."

„Es muss auch damals, als Sie weggegangen sind, einen großen Abschied gegeben haben," bemerkte Mutter. „Nein", sagte De Smet traurig, „den hat es nicht." „Nicht?" „Nein. Ich bin heimlich von zu Hause weggegangen."

„Aber warum denn, um Himmels Willen?" „Ich hätte den Abschied nicht durchgestanden", sagte er. „Ich spürte den Ruf Gottes, ich wollte fort, wollte Missionar werden. Aber ich hätte das Unglück, das ich da über meine Familie gebracht habe, nicht ausgehalten. Ich wäre geblieben."

„Ist Ihr Land schön?", fragte Kathie, um ihn von seinen düsteren Gedanken abzulenken. „Ja, es ist schön", sagte er, „Wälder, Meer, Berge, schöne Städte, schöne Flüsse, fruchtbare Felder und Gärten ... Vielleicht habe ich das irgendwie im Hinterkopf, und möchte es hierher verpflanzen: Gärten, ertragreiche Felder, große Farmen, glückliche Haustiere ..." Seine Stimme wurde leiser.

„Wollen wir uns nicht ein bisschen vors Haus setzen?", fragte Vater. „Kathie, bring mir die Mundharmonika!" Sie saßen zusammen, und warteten, dass die Nacht hereinbrach. Über ihnen wölbte sich ein Himmel mit Millionen Sternen und der Wind rauschte in den Büschen und im Präriegras. Vater spielte warme, innige Melodien. Diesmal sangen sie nicht. Sie lauschten nur auf die Natur und auf die wunderbaren Klänge der Harmonika.

Schließlich sagte Mutter fürsorglich, „Ich glaube, es ist Zeit zum Schlafengehen." „Ja", sagte De Smet und lachte ein bisschen in sich hinein, auf die Art, die Kathie so liebte. „Das glaube ich eigentlich auch." „Du kannst schon hinaufgehen, ich komme dann bald nach." „Ja", sagte Kathie und erhob sich, die verstand, dass die Erwachsenen noch alleine zusammen sein wollten.

Er blieb ein paar Tage und half Vater, wo er konnte. Es gab immer so viel zu tun auf einer Farm. Abends saßen sie zusammen und er erzählte von seinen Plänen. Das Konzil von Laramie war vorbei, in das er alle seine

Kräfte und Ideen gesteckt hatte. Würde der Friede halten? Und wenn nicht, was würde dann aus seinen Missionen?

Manchmal ritten sie auch ein bisschen in die schöne Landschaft hinein. De Smet sattelte Vaters Pferd, hob Kathie hinauf, und setzte sich dann vor sie hin. Er ergriff die Zügel und lenkte das Pferd auf den Indianerpfad, der geradewegs in die Prärie hineinging. Sie ritten ohne Ziel, und gelegentlich so, wie das Pferd es wollte; wie es sie führte.

Der Duft, der von den Gräsern her aufstieg, war überwältigend, kleine Vögel flogen auf, und winzigkleine klammerten sich an Grashalme und schaukelten im Wind. Schmetterlinge und Bienen waren überall. Erdhörnchen saßen aufmerksam da und verschwanden dann blitzschnell in ihren Höhlen.

An einem Tag lenkte De Smet das Pferd in die Senke hinunter, in der sich der kleine Teich befand. Er sprang vom Pferd und hob Kathie herunter. Sie führten es zu dem großen Heckenrosenstrauch, und banden es dort an, genau so wie Kathie damals Lizette angebunden hatte. Die Heckenrosen waren verblüht, und wunderschöne rote Früchte leuchteten gegen den blitzblauen Himmel.

Er streckte sich im Gras aus und Kathie legte sich neben ihn. „Warum hast du das damals gemacht, Kathie?", fragte er leise. „Hast du denn nicht gewusst, dass du dafür dein Leben aufs Spiel setzt?" „Doch", sagte Kathie, „ich wusste es." „Warum also?" „Weil mein Leben keinen Wert mehr hat, wenn es das Ihre nicht mehr gibt."

Es entstand eine lange Pause. Er hatte die Augen geschlossen, aber er schlief nicht. Er dachte nach.

„Kathie, du weißt, dass ich gebunden bin. Ich empfinde viel für dich, aber das darf nicht sein." „Ich verlange nichts, und ich erwarte mir nichts", sagte Kathie tapfer, „aber ich möchte, dass Sie leben, dass Sie glücklich sind, und dass ich Sie ab und zu einmal sehen darf."

Lange lagen sie nebeneinander und genossen das Gefühl der Gemeinsamkeit. Dann stand er auf und half Kathie auf die Beine.

„Wir müssen nach Hause", sagte er. „Ja", sagte Kathie, „die Eltern werden schon auf uns warten."

Zu Hause gab es Tee, frisches Brot und Pökelfleisch. Dann ging De Smet hinaus, so wie er es öfters tat. Weit vom Haus entfernt, blieb er stehen, und betrachtete den Abendhimmel. Er sog die Landschaft in sich auf mit allen ihren Farben, Geräuschen und Düften. Aus dem Talgrund hörte man einen Nachtvogel: „Huitt! Kiwitt-Kiwitt!" Da sank er in die Knie und sagte: „Gott! Mein Gott! Mein Schöpfer, Herr über alles Leben! Du bist der Höchste für mich, und gib nicht zu, dass ein Kind mir mehr bedeutet als Du!" Dann verrichtete er seine Abendgebete mit großer Hingabe, und so, wie er es immer tat, und kam gestärkt wieder ins Haus zurück.

Die Ermordung von
Marshall Tom Smith

Am nächsten Tag erwartete sie eine Überraschung. Als Kathie vor der Tür stand, sah sie zwei Punkte, die sich in großer Eile näherten. Es waren Reiter. Kathie wollte schon ins Haus verschwinden, als sie die beiden erkannte. Es waren Jack und Jim, die beiden Junggesellen, die jenseits des Hügels wohnten. Sie zügelten ihre Pferde und stiegen ab, wobei die Pferde noch ein bisschen im Kreis liefen, um den scharfen Ritt ausklingen zu lassen. Vater kam aus dem Haus und rief: „Was ist los? Ist etwas passiert?" „Ja!", rief Jack, noch ganz außer Atem. „Was denn?" „Ein Mord!" Mutter kam ebenfalls aus dem Haus. Sie war gerade bei der Zubereitung des Mittagessens und wischte sich die Hände an ihrer Schürze ab. „Ein Mord?", wiederholte sie schreckensstarr. „Indianer?" „Nein", sagte Jim, der nun auch herangekommen war, „unter Weißen." „Was ist passiert? Und wer ist ermordet worden?" „Tom Smith, der Marshall von Abilene."

De Smet war eben hereingekommen. Er war sehr betroffen, „Wie konnte das passieren?", fragte er. „Wisst ihr Näheres?" „Ja", sagte Jack, „wir haben es von Traders erfahren. Es ist geradezu unglaublich, was sich da abgespielt hat." „Soweit ich weiß, hat er nie eine Waffe angerührt", sagte De Smet.

„Woher wissen Sie denn das? Kannten Sie ihn?" „Ja", sagte De Smet, „ich kannte ihn. Und er war in gewisser Weise auch ein Vorbild für mich, denn er konnte sich durch die gefährlichsten Situationen hindurchschlagen, eben mit der Faust." „Und wenn die anderen das ignorieren?"

„Das tun sie nicht – oder zumindest, das taten sie bis vor kurzem nicht", sagte De Smet.

„Bitte erzähl mir mehr davon. Es ist ein ungeschriebenes Gesetz, dass jemand, der unbewaffnet ist, nicht mit der Waffe angegriffen werden darf. Das war im Saloon so, wie auch im Freien. Das war wie ein Ehrenkodex. Er hat die Stadt, in der es von Banditen nur so wimmelte, sozusagen mit eiserner Faust gesäubert. Was ist also passiert? Was ist da schiefgelaufen?"

„Tom Smith hörte von einer Schießerei. Auf einer Farm außerhalb von Abilene hatte es einen Toten gegeben. Tom Smith ritt mit seinen Gehilfen hinaus. Es war eine abgelegene Farm. Die Mörder hatten sich im Haus verschanzt und gaben Warnschüsse ab. Auch sein Gehilfe warnte ihn. Er sagte aber: 'Ich hol sie raus'! Er war sich seiner Sache sicher. Er ging los, allein und schutzlos, wie er es immer getan hatte. Einer der Mörder aber feuerte einen Schuss auf ihn ab. Obwohl er getroffen war, ging er ins Haus. Der zweite Mann stand hinter der Tür und schlug ihn tot."

Alle schwiegen. Nach einer Weile sagte De Smet: „Ein Mann, der stets das Gute wollte! Er hat so viel für Abilene getan! Kein Verbrechen blieb dort ungesühnt. Er war mutig und fair. Und dann so ein Ende!"

„Warum kommen Sie eigentlich zu uns und sagen uns das?", fragte Vater. „Abilene ist doch ziemlich weit entfernt!" „Die Mörder sind flüchtig", sagte Jack, „und man weiß nicht, wo sie sich hinwenden. Es ist oft so, dass flüchtige Verbrecher sehr weit reiten und einsame Farmen aufsuchen, um nicht entdeckt zu werden, sich dann mit Nahrungsmitteln versehen und dann weiterreiten, nicht ohne …" Mutter gab Jack ein Zeichen, und dieser verstummte sofort. Aber Kathie hätte noch gerne mehr darüber gehört. Sie wurde sich bewusst, wie sehr sie Abenteuer liebte. Die Geschichte von dem einsamen und aufrechten Marshall, der in Erfüllung seiner Pflicht starb, bewegte sie sehr.

„Sind alle Marshalls so selbstlos und gut?", fragte sie leise. „Nein", sage De Smet, der in der Zwischenzeit seine Fassung wiedergefunden hatte. „Es ist oft so, dass Revolverhelden und Spieler auch Polizisten werden können." „Aber wieso denn?" „Es ist so", sagte De Smet, „die Bürger des Grenzlandes sind oft in einem Dilemma. Manchmal haben sie bei der Suche nach einem Hüter von Gesetz und Ordnung die Wahl zwischen einem aufrechten, aber schwachen Mitbürger, oder einem neu Zugezogenen mit einer zwielichtigen Vergangenheit. Der vor nichts zurückschreckt. Oft nehmen sie einen bekannten Schurken als Marshall, weil sie annehmen, dass ein solcher Mann eher geeignet wäre, mit Leuten seines Schlages fertigzuwerden."

Kathie sah ihn staunend an. Er wusste alles vom Leben; in seiner Schönheit, aber auch in seiner ganzen Grausamkeit und Härte. Und sie dachte: „Ich möchte so sein wie er! Und wie glücklich bin ich, dass ich ihn kenne!"

„Erzählen Sie weiter von Ihrem Freund", sagte sie leise. „Was soll ich sagen," meinte De Smet traurig. „Er kam aus bescheidenen Verhältnissen und musste sich durchschlagen; einfach, um am Leben zu bleiben. Er hielt nicht viel von Schusswaffen.

Als ihm die Stelle in Abilene angeboten wurde, beschloss er, die Leute nicht mit Pulver und Blei zu bändigen, sondern durch seine Fäuste. Er verbot das Waffentragen in der Stadt. Wer sich dem widersetzte, wurde geprügelt. Er schlichtete Schlägereien, verjagte Falschspieler, fing Mörder und verhaftete Pferdediebe. Er war angesehen bei Freund und Feind. Sein persönlicher Mut und seine Fairness waren überall berühmt."

„Und doch ist es schiefgegangen", sagte Kathie traurig. „Oder auch nicht", sagte De Smet, „seine Zeit war einfach gekommen. Er ist jetzt bei Gott. Und er hat so viel Gutes getan! Und er hatte einen schnellen Tod."

„Wir wollen für ihn beten", sagte Mutter ergriffen. „Ja, ein jeder für sich selbst", sagte De Smet und ging hinaus. Er wollte nicht, dass jemand seine Bewegung sah.

Ein paar Minuten lang blieb es still, und jeder dachte an den tapferen Tom Smith, der in Ausübung seiner Pflichterfüllung den Tod gefunden hatte.

Mutter ging dann zum Herd, um etwas Gutes für das Mittagessen vorzubereiten. Vater und die beiden setzten sich vors Haus, um Neuigkeiten auszutauschen. Kathie glaubte, dort nicht erwünscht zu sein, denn sie wusste, dass die Männer dann freier reden würden als wenn ein Mädchen neben ihnen sitzen und ihnen zuhören würde. Das Wichtigste würde sie später dann erfahren. Und da Mutter sie ebenfalls nicht rief – und im Augenblick war ihr nicht nach Küchenarbeit zumute – schlich sie sich leise hinauf in ihre geliebte Dachbodenkammer. Dort setzte sie sich auf einem Sessel dem Fenster gegenüber, sodass sie den blauen Himmel mit den weißen dahinziehenden Wolken beobachten konnte. Die Wolken zogen auch. Sie zogen irgendwo hin.

Kathie überlegte, was sie in ihrem Leben je gesehen hatte. Sie wusste nichts, sie kam nirgendwo hin. Alles, was sie an Spannendem wusste, hatte sie von Erwachsenen gehört oder in Büchern gelesen. Die Ereignisse der

Geschichte, aber auch Abenteuergeschichten, da konnte man mitfiebern und sich in diese Helden hineindenken.

Was aber war mit ihrem eigenen Leben? Sie wollte wirklich sehen und erleben, was sich draußen abspielte, sie wollte die Atmosphäre eines Saloons genießen, den Barkeeper beobachten, wie er Whisky einschenkte, in einer verrauchten Ecke die Männer beim Pokerspiel sehen, Augenzeuge sein, wie jemand den anderen beim Falschspielen ertappte und den Revolver zog. Sie wollte eine Prügelei sehen und wie der Besitzer des Saloons jemanden zur Tür hinauswarf. Sie wollte Klaviergeklimper hören und verruchte Damen sehen, die den Männern das Geld abnahmen. Eine Schießerei hätte sie auch gerne gesehen, von einer kleinen Entfernung aus.

Der Tod des tapferen Tom Smith hatte das alles in ihr wieder aufgerührt. Und dann dachte sie an De Smet und an das abenteuerliche Leben, das er führen durfte. Und er hatte alle Gefahren bisher gut überstanden, und er fürchtete sich nicht. „Ich bin in Gottes Hand", sagte er immer. Und Kathie fürchtete sich ebenfalls nicht. Sie war ja genau so in Gottes Hand.

Sie verglich sein Leben mit dem des tapferen Marshalls. Tom Smith hatte nur Gutes getan, und folgte seinem Gewissen. Er scheiterte am Ende. Wie würde De Smets Leben weitergehen? Sie wagte nicht, daran zu denken. Stets von Gefahren umlauert. Sie konnte ihm nicht zur Seite stehen. Da war es wieder, dieses Gefühl der Ohnmacht, das sie so oft verspürte, wenn sie an ihn dachte.

Seine Ideale – würden sie vielleicht auch einmal zerbrechen? Jemand, der nur das Gute will, steht am Ende mit leeren Händen da. Sie wünschte ihm so sehr ein schönes, glückliches, erfülltes Leben.

Wo würde De Smets Reise jetzt wohl hinführen? Er hatte angedeutet, dass er die feindlichen Sioux aufsuchen wollte, die sich an dem ersten Council nicht beteiligt hatten. Sie glaubten nicht mehr an die Versprechen der Weißen. Er war von der Regierung gefragt worden, ob er eine Militärexpedition begleiten wollte. Er wollte das aber nicht. Er dachte, das würde seinen ganzen Einfluss bei den Indianern zunichte machen, wenn er mit bewaffneten Soldaten mitginge unter der Flagge, die für sie das Symbol des Endes ihres Volkes bedeuten würde.

Er sagte, dass die Indianer ihn bis jetzt immer für den Träger des Wortes des Großen Geistes gehalten hatten, und sie waren immer freundlich und aufmerksam gewesen, wenn er sie getroffen hatte. Wenn er sich nun in der Mitte der Soldaten des Großen Häuptlings in Washington präsentierte, der nicht mehr ihr Großer Vater war, sondern ihr größter Feind, so würde ihn das in eine unangenehme Situation versetzen. Das Kreuz, das er um den Hals hatte, würde dann für ihn kein Pass mehr im Indianerland sein.

Er hatte vor, auf eigene Faust zu gehen, ohne Bezahlung, obwohl die für seine Missionen wichtig gewesen wäre.

Kathie hätte so gerne einmal ein Indianerdorf gesehen. Mit den Zelten, und wie diese eingerichtet waren. Es gab schöne, prächtige, und kleine armselige, schmutzige; das hatte De Smet erzählt. Es wurde gekocht, gewaschen, gehandarbeitet. Die Indianerinnen waren künstlerisch sehr begabt. Sie stickten, arbeiteten mit Glasperlen, und verfertigten Kleider aus Wolle und Leder. Die Männer spielten gern, wenn sie nicht gerade auf der Jagd waren, und es gab Karten-, Würfel- und Geschicklichkeitsspiele. Sie wetteten gerne, und verwetteten alles, was sie besaßen.

Kinder waren wichtig. Sie waren nie alleine. Sie waren immer im Familienverband. Immer passte jemand auf sie auf.

Während sie so ihren Gedanken nachhing, und alles überlegte, was De Smet ihr erzählt hatte, kam der Duft des Essens zu ihr herauf. Sie schämte sich ein bisschen, weil sie Mutter bei der Zubereitung des Essens nicht geholfen hatte, wo doch heute viel mehr zu tun war; aber Mutter hatte sie auch nicht gefragt. Trotzdem ging sie jetzt hinunter und fragte tapfer: „Brauchst du noch eine Hilfe? Ich weiß, ich bin ein bisschen spät dran!" „Nein", sagte Mutter freundlich und strich ihr über die Wange. „Ich weiß, du hast jetzt einiges zu denken gehabt. Geh nur hinaus zu den anderen!"

Im gleichen Augenblick kamen auch die Männer herein. De Smet war auch dabei. Nun rochen alle, was es gab. Es war Fisch. „Bitte Platz zu nehmen!", rief Mutter. Der große Tisch war mit einem rot-weiß karierten Tuch gedeckt. In der Mitte standen Salz, Pfeffer, und auch Pickles, das Besteck war schon aufgelegt. Ein Krug mit Wasser und Gläsern stand bereit, und Kathies Gewissen regte sich wieder, weil das wenigstens hätte sie für Mutter tun können.

Dann brachte Mutter strahlend eine große Pastete auf den Tisch. Der Teig darüber war braun und knusprig. „Fischpastete!", rief Vater begeistert. „So etwas haben wir schon so lange nicht mehr gehabt!" „Fischpastete!", riefen auch die beiden Junggesellen, „das ist ja ein Festmahl! Und das soll für uns sein?" „Für uns alle!", sagte Mutter. „Und jetzt greift zu! Meine große Freude ist es, wenn es allen gut schmeckt!" Mutter zerteilte die Pastete und wollte De Smet das erste Stück geben, doch dieser wehrte ab. „Geben Sie unseren Gästen zuerst; ich gehöre doch fast zum Haus!" So teilte Mutter aus und De Smet bestand darauf, dass er das letzte Stück bekam. Das war viel kleiner als die anderen, und er schien damit sehr zufrieden zu sein. „Sie werden doch satt werden?", fragte Mutter ängstlich. „O ja!", sagte er vergnügt. Kathie wusste nicht, was das bedeuten sollte. Sie kannte ihn als guten Esser. Doch auf einmal fiel bei ihr der Groschen. „Sie mögen keinen Fisch?", fragte sie leise. „Nein!", flüsterte er zurück. „Ich auch nicht", murmelte Kathie. Dann mussten sie beide lachen. Sie versuchten, es zu unterdrücken, aber es kam immer wieder, bis die anderen darauf aufmerksam wurden. „Was ist denn los?", fragte Vater. „Laßt uns doch an eurer Heiterkeit teilnehmen!" „Wir hatten beide nur an das Gleiche gedacht", sagte De Smet, „und deshalb mußten wir lachen. Es war nichts Besonderes. Und irgendwie war es ein Ausgleich für all das Traurige, was wir heute erfahren haben."

Das fanden die anderen auch.

Sheriffs und Revolverhelden

Beim Essen kamen sie wieder auf Marshalls und Sheriffs zu sprechen; wie es so weit kommen konnte, dass jemand einen solchen Posten bekam, der vorher das Gesetz mehrfach gebrochen hatte. „Es gibt Männer", sagte De Smet, „die davon leben, daß sie ihre Waffen schneller und sicherer handhaben als andere. Sie üben auf ihre Mitbürger eine Macht aus, die nur auf ihre Revolver gestützt ist. Ihr Gesetz ist der Colt. Diese Männer sind Abenteurer. Der Gesetzeshüter mit dem Stern auf der Brust genauso wie der Outlaw. Und die Fronten zwischen ihnen sind fließend und werden oft gewechselt. Es sind Leute, die zu einem normalen Leben nicht fähig sind. Sie möchten in der Zeit, in der wir nun einmal sind, überleben."

„Das kann man aber doch auch, ohne zum Revolver zu greifen", warf Mutter ein. „Normalerweise schon. Aber es gibt Menschen, die in schwierige Verhältnisse hineingeboren sind. Eine zerbrochene Familie, der Vater Trinker; Schulden, Gewalt. Der Sohn versucht, dieser Situation zu entfliehen. Er wird Spieler, er heuert als Cowboy an, er tötet zum ersten Mal.

Diese Leute geraten in eine Maschinerie. Sie begegnen Kriminellen. Sie rauben zum ersten Mal eine Bank aus, oder überfallen eine Postkutsche, und sie sehen, das klappt.

Die Saloons sind natürlich Brutstätten für das Verbrechen. Ein Falschspieler wird erschossen, dessen Freund rächt ihn – du kannst dir sicher vorstellen, wie das abläuft." Er endete, weil Mutter ihm einen Blick zuwarf.

„Nein, kann ich nicht!", sagte Kathie strahlend. „Bitte noch mehr Geschichten! Ich möchte wissen, wie es in der großen, weiten Welt zugeht!" „Ich weiß!", sagte De Smet warm. „Vielleicht ein anderes Mal. Aber für heute ist es genug, denke ich." Es war Abend geworden. Kathie folgte ihm. Er setzte sich auf die Hausbank und Kathie setzte sich neben ihn.

„Ich möchte wissen, wieso Leute, die aus einer guten Familie stammen, so böse werden, dass sie dann morden, gejagt werden, weiter morden, und dann irgendeinmal am Galgen hängen. Irgendeinmal müssten sie doch begreifen, und umkehren!" „Manchmal ist das nicht möglich", sagte De Smet. „Nimm einmal an, ein Junge wächst auf einer Farm auf. Das Leben ist hart und eintönig. Das Leben auf einer kleinen Farm kommt ihm stumpfsinnig und öde vor.

Er hört von Siedlern, die in den Westen ziehen. Er glaubt, dass dort das große Abenteuer zu finden ist. Er hört von Büffeljagden, Indianerkämpfen, Goldfunden, und vom Bau der Eisenbahn. Er will weg... Er will an diesen wunderbaren Dingen teilnehmen: er will alles hautnah spüren, hören, riechen, schmecken. Er will weg aus dieser Enge. Und dann wagt er den Absprung. Er schließt sich Büffeljägern an. Er treibt Handel mit den Indianern. Er kann nicht Fuß fassen. In jeder Stadt hier im Westen, und mag sie auch noch so klein sein, gibt es eine Spielhalle. Er wird Spieler. Das Falschspiel ist ein wesentlicher Teil in einer solchen Spielhalle. Er kommt bald darauf, dass es hier nicht mit rechten Dingen zugeht. Und so wird er ebenfalls Falschspieler. Und bei einem solchen Manöver wird er erschossen. Und die Eltern warten vergeblich auf ihren Sohn."

„Aber das möchte ich ja gar nicht", sagte Kathie, „ich will nur wissen, wie das Leben ‚draußen' ist! Dann würde ich wieder zurückkehren, und alles doppelt und dreifach schätzen. Jeder Grashalm wäre dreimal so grün, und jeder Busch und jeder Zweig hätte einen goldenen Glanz. Hier möchte ich leben, und hier bin ich zu Hause. Und meine Eltern würde ich niemals verlassen. Jeder Vogelschrei wäre dreimal so laut ..." „Um Himmels Willen", sagte De Smet, „da müsstest du dir ja den ganzen Tag die Ohren zuhalten!" Eben flog eine Schar Wildenten über das Haus. Sie steuerten dem See zu, auf dem sie heute sicher nächtigen würden. „Nein", sagte Kathie, „nur abends." Dann mussten sie beide lachen. Das Vogelgeschrei und das Gelächter lockten die Eltern aus dem Haus. „Was ist denn so lustig?", fragte Vater erstaunt, „hast du noch nie Wildenten über unser Haus fliegen gehört?" „Es hing mit dem zusammen, was wir vorher besprachen", sagte De Smet, „nicht so unbedingt mit diesem Vogelschwarm."

„Soll ich die Mundharmonika holen?" „Ich bitte darum", sagte De Smet. „Es gibt nichts Schöneres, als einen Abend mit Musik ausklingen zu lassen." „Und mit einem Gebet", sagte Mutter.

Vater spielte, und sie sangen: „Ich will dich lieben, meine Stärke, ich will dich lieben, meine Zier, ich will dich lieben mit dem Werke ..."

Kathies Augen glänzten, und auch De Smets Augen waren feucht. Sie waren zusammen. Sie waren wie eine Familie. Ein paar Tage blieb De Smet noch bei ihnen, dann war er wieder verschwunden. Niemand konnte und durfte ihn aufhalten.

Gebete – heidnische und christliche

Wieder vergingen einige Jahre. Von De Smet hörte man nichts, aber Kathie wusste, dass es ihm gut ging. So sehr war sie innerlich mit ihm verbunden. Diese Angst, dass ihm etwas zugestoßen war und sie das nicht wusste, die hatte sie nicht mehr. Sie wusste, er würde seinen Weg gehen und das tun, was ihm aufgetragen war von Gott: für das Wohl der Indianer zu arbeiten.

Schöne Tagen kamen, glänzende, und voll von Sonne. Und es gab wirklich viel zu tun; im Haus, auf den Feldern, im Stall und am Waldrand, wo die Kinder jetzt endlich wieder wagten, Himbeeren und Brombeeren zu pflücken, damit ihre Mütter gute Säfte machen konnten. Auch Kompott und Marmeladen, die im Winter eine willkommene Abwechslung waren.

Kathie wusste, dass sich jetzt Großes anbahnte. Ein Treffen mit den feindlichen Sioux. Und man durfte ihn davon nicht abhalten, ihn dabei stören. Das Leben so Vieler lag in seiner Hand. Das Vertrauen der Indianer in ihn war grenzenlos. Vieles konnte ihm gelingen. Das einzige, was sie und ihre Familie tun konnten, war, ihm gute Gedanken zu schicken und ihn mit ihren Gebeten zu begleiten.

Sie kannte viele Gebete, auch Kindergebete, Schutzengelgebete, Gebete zur Jungfrau Maria. Aber immer öfter fielen ihr Indianergebete ein, die De Smet ihr vorgesprochen hatte. Sie glaubten, dass die Natur von einer geheimnisvollen göttlichen Kraft durchdrungen war. Ihr Wort für die Gottheit, die Schöpferkraft, hieß „Wakan tanka", das konnte man mit „Großes Geheimnis" übersetzen. Die Pflicht jedes Indianers war es, jeden Tag das Ewige und Unsichtbare zu ehren. Er achtete das Unsterbliche auch im Tier, seinem Bruder. Er spricht auch mit dem Tier, bevor er es tötet: „Verzeih mir bitte, aber wir brauchen dein Fleisch. Meine Kinder hungern. Wir brauchen dein Fell, um eine warme Decke für den Winter zu machen."

Kathie wollte beten, aber es fiel ihr nichts ein. Alle Gebete, die sie kannte, kamen ihr blass und fahl vor. Und so betete sie „Wir danken den Flüssen und Bächen, die uns Wasser geben. Wir danken den Kräutern, die uns ihre heilenden Kräfte schenken. Wir danken dem Wind, der die Luft bewegt und Krankheiten vertreibt. Wir danken dem Mond und den Sternen, die uns mit ihrem Licht leuchten, wenn die Sonne untergegangen ist. Vor allem aber danken wir dem Großen Geist, der alles Gute in sich vereint und alles zum Wohl seiner Kinder lenkt."

Sie erschrak. Das war ein indianisches Gebet; ein heidnisches! Und sie war Christin! Sie betete für einen katholischen Missionar! Und trotzdem war ihr bei diesem Gebet so warm zu Mute, und sie wusste, es würde ihm gefallen.

Sie wollte ihre Gedanken auf christliche Gebete richten, aber es kam alles nur bruchstückhaft. Nach dem Vaterunser und Gegrüßet seist du Maria fiel ihr ein; „Gott, du bist es, auf den ich meine Hoffnung setze. Du hast durch Leben, Tod und Auferstehung Deines Sohnes die Welt erneuert ... wie ging es weiter ... so erwarte ich für mich und alle Menschen Vergebung, Heil und künftige Herrlichkeit ..." Nein, das ging auch nicht.

Plötzlich fiel ihr ein: „Gelobt seist du, mein Herr! Durch Bruder Wind und die Luft, durch bewölkten und heiteren Himmel und jegliches Wetter, so erhältst du deine Geschöpfe am Leben!" Das war ein christliches Gebet! Ein großer Heiliger hatte es gebetet. Und wie ähnlich war sein Glaube dem indianischen Glauben!

De Smet hatte ihr auch einmal vom „heiligen Kreis der Indianer" erzählt. Er sagte: „Dieser lässt nicht zu, dass einer über dem anderen steht. Und im Christentum heißt es: ‚Keiner nenne sich Meister über den anderen; einer diene dem anderen.'

Nicht dienen aber sollen wir dem Geld – dem Götzen Mammon – mit dem die Indianer nicht gerne umgehen.

Mit Vielwisserei die anderen auszustechen, gilt als unhöflich bei den Indianern. Und auch bei uns ist das so. Es wird als Torheit bezeichnet. Die wahre Erkenntnis wird den Einfältigen geoffenbart werden.

Dem Schwachen, Kleinen, und von Mühsal Beladenen, und den Letzten in der Reihe gibt er die Frohe Botschaft zuerst; und die Starken sollen die Schwachen tragen. Das gehört zum indianischen Anstand, und das ist auch ein Grundwert in der indianischen Gemeinschaft."

So viele Ähnlichkeiten, und doch so viel Trennendes! Wie kam De Smet damit zurecht? Sie hoffte sehr, mit ihm einmal darüber reden zu können.

Begegnung mit den Indianern

Die Zeit verging, und es ereignete sich nicht viel. Die Indianergefahr schien gebannt zu sein, wenigstens für den Augenblick. Um die Familie White hatte sich eine kleine Gruppe gebildet, neue Siedler, Festlichkeiten im Haus, und sogar Tanz. Die beiden Junggesellen kamen oft und Kathie vermutete, dass einer von ihnen Billie den Hof machte. Es wäre schön, wenn hier Familien entstehen würden. Es wäre so schön, wenn sich hier eine kleine Gemeinschaft bilden würde. Eine feste, gute, kleine Gemeinschaft. Und eine Kirche als Mittelpunkt.

An einem warmen Nachmittag im Herbst saßen alle bei Mrs. White im Wohnzimmer. Nachdem man Kaffee und Kuchen genossen hatte, lasen die Damen „Godey's Lady's Book" und überlegten, was sie kaufen könnten. Da war auch einen Katalog, aus dem man bestellen konnte. Teller, Schüsseln, Tassen, und alles, was man für den Haushalt brauchte. Es gab auch Kataloge, aus denen man Pflanzen bestellen konnte, sogar Bäume; aber das war eine Angelegenheit für die Männer.

„Ich würde so gerne Pappeln um mein Haus herum pflanzen, das würde Schatten geben und auch den Wind abhalten. Was meinst du dazu, Tom?" „Ich bin mir nicht sicher, ob wir das tun sollten", sagte dieser. „Es kann doch jederzeit sein, dass wir aufbrechen müssen – und zwar sehr plötzlich…" Vater warf einen warnenden Blick auf die Kinder. „Das sind keine Kinder mehr", sagte Tom, und sie sind bereit, unsere Sorgen mitzutragen. Nimm einmal an, wir setzen Pappeln um unsere Anwesen. Die

Indianer sehen das." „Aber sie sind ja gar nicht da!", warf Vater ein. „Sie sind da. Wir sehen sie nur nicht. Und sie verstehen das so, dass wir uns hier endgültig und häuslich niederlassen. Auf ihrem Grund und Boden. Mein Rat wäre: wir verhalten uns ruhig. Unseren Grundstücken wird nichts hinzugefügt. Man könnte natürlich neuen Hausrat kaufen, aber der würde zurückbleiben, wenn wir einmal bei Nacht und Nebel das Tal verlassen müssten – aus irgendeinem Grund..." Mutter und Frau White hatten aufgehört in ihrem „Godey's Lady's Book" zu lesen. Mutter nickte. „Das glaube ich eigentlich auch. Wir dürfen nichts aufs Spiel setzen; nichts riskieren." „Wann wird dieser Zustand ein Ende haben? Er dauert nun schon so viele Jahre an!" „Bis wir wissen, ob die Indianer die Weißen hier akzeptieren. Es wird ein großes Indianertreffen geben, und zwar bald." „Und wer wird uns über den Ausgang informieren?" „De Smet", sagte Kathie.

Der folgende Winter war hart und grausam; der kälteste Winter, den Kathie je erlebt hatte. Es stürmte und schneite, und dazwischen waren nur wenige klare Tage, die Vater dazu verwendete, sich mehr um die Tiere zu kümmern und das eine oder das andere auszubessern. Wenn er zu lange fortblieb, merkte Kathie, dass Mutter ängstlich den Himmel beobachtete um zu sehen, ob sich wieder schwarze Wolken bildeten. Er hatte eine Schnur vom Stall bis zum Haus gespannt, denn der Schneesturm kam so rasch, dass man die Orientierung verlieren konnte.

Einmal wurde es ganz schwarz im Haus, und Mutter sprang auf, um die Türe zu öffnen. In der gleichen Sekunde kam Vater herein und ließ einen Stapel Holz auf den Boden fallen. Zugleich auch brach draußen das Inferno los, Blitze zuckten, der Donner krachte, und der

Schnee prasselte auf das Haus. „Gott sei Dank, das war knapp" sagte er, und ließ sich atemlos beim Ofen nieder. Das Haus schien zu ächzen und zu beben. Und dann kam es wieder, dieses Klopfen und dieser Schrei.

Kathie fuhr in die Höhe. „Was ist das?", rief sie. „Nichts", sagte Vater, „beruhige dich. Das ist nur der Wind. Er beutelt unser Haus, aber er kann ihm nichts anhaben. „Und dieser Schrei?" „Ist auch der Wind. Das solltest du ja schon kennen." „Könnte es nicht ein Puma sein?" „Nein. Diese Tiere sind zu klug. Bei einem solchen Wetter verbergen sie sich gut, dort, wo es windgeschützt ist."

„Weißt du noch", sagte Kathie zaghaft, „vor vielen Jahren suchte im Winter jemand bei uns Zuflucht. Und das Wetter war ähnlich wie heute." „Ich weiß, woran du denkst", sagte Mutter warm und legte ihr die Hand auf die Schulter. „Aber er ist klüger als ein Puma. Er wird sich zu schützen wissen. Er ist kühn, tollkühn; das ist wahr. Aber er ist nicht verrückt."

„Ich bin sicher, er sitzt jetzt in seinem warmen Zimmer in St. Louis", sagte Vater. „Er muss viel denken und viel planen. Vielleicht hat er auch Zeit, sich mit seinem Herbarium zu beschäftigen, an dem ihm so viel liegt. Und er wird Reiseberichte schreiben. Vor allem muss er planen, wie er im heurigen Jahr auf das Indianertreffen einwirken kann. Ihm ist viel anvertraut. Er möchte das ja ohne die Hilfe der Regierung bewerkstelligen." „Warum will er nicht die Hilfe der Regierung? Warum will er immer alles alleine tun?", fragte Mutter. „Er hat immer seine Gründe", sagte Vater. „Er will nicht Überbringer von Nachrichten des Präsidenten von Washington sein. Der ist ja nicht mehr der „Große Vater" der Indianer, sondern ihr Feind. Er soll den Indianern sagen, dass sie ausgelöscht werden, wenn sie sich weiterhin den Weißen gegenüber feindlich verhalten."

„Das kann er nicht. Das wird er nicht können", sagte Kathie. „Er wird seine eigenen Worte dafür finden", sagte Vater.

Der Frühling verging, im Sommer war das Konzil von Laramie gewesen; das Treffen mit den Sioux, und nun kam der Herbst ins Land. Die Prärie war gelb geworden, und Streifen von rotem Sumach durchkreuzten sie. In der Ferne dunkelten die Bäume, aber auch sie färbten sich langsam bunt: rot, gelb und braun. Scharen von Wildgänsen stiegen aus dem Talgrund auf und formierten sich für den Zug nach Süden.

Auch wenn Kathie sich nicht um ihn sorgte, so brannte sie darauf, zu erfahren, ob er Erfolg gehabt hatte. Ob es der Mühe wert gewesen war. Ob es ihm gelungen war, der Regierung zu helfen, um weiteres Blutvergießen zu verhindern.

Und eines Tages kam ein Fingerzeig Gottes. Indianer kamen auf das Haus zugeritten. So lange hatten Vater, Mutter und Kathie keinen Indianer mehr gesehen, dass sie schreckensstarr dastanden. Sie wussten nicht, was das bedeuten sollte. So standen sie einfach da und warteten auf sie. Es wäre für Vater auch zu spät gewesen, seine Flinte hinter der Tür hervorzuholen, aber er dachte sowieso nicht daran. Sie mussten nun geschehen lassen, was geschah.

Die Indianer kamen aus dem Talgrund und ritten den alten Indianerpfad entlang. Es waren an die zwanzig junge Männer, wohl „in Parade", mit reichem Federschmuck, schönen Leggings und perlenbestickten Mokassins. Die Pferde waren nicht gesattelt und gezäumt und gehorchten ihren Herren auf Schenkeldruck. Ihre Mähnen wehten im Wind und ihre Augen glitzerten. Der erste der Indianer – wohl der Häuptling – hob die Hand und grüßte. Dann ritten sie am Haus vorbei, den Pfad entlang, und verschwanden hinter dem Hügel.

„Was war das?", ächzte Mutter. Sie zitterte von Kopf bis Fuß und konnte sich nicht von der Stelle rühren. „Was das war?", fragte Vater. „Das waren Indianer." „John, ich bitte Dich, erspare mir jetzt solche Scherze! Was soll denn das bedeuten?" „Jedenfalls etwas Gutes", sagte Vater, „sonst hätte uns der Häuptling nicht gegrüßt. Das Konzil von Laramie scheint Früchte getragen zu haben. Ich hoffe, wir werden bald mehr erfahren." „Das hoffe ich auch", sagte Kathie. „Das hoffe ich von ganzem Herzen."

Das Treffen mit Sitting Bull

Es sollte noch ein Jahr lang dauern, ehe sie Näheres erfuhren. Eines Tages, als Kathie nach Hause kam, sah sie eine einsame, schwarze Gestalt auf der Hausbank sitzen. Sie traute ihren Augen nicht. Dann fing sie zu laufen an. Auch De Smet erhob sich. Er ging auf sie zu. Sie umarmten einander. Sein Haar war leicht ergraut, aber seine schönen blauen Augen leuchteten wie immer. Sie wussten beide nicht, was sie sagen sollten. Es fiel ihr gar nicht ein, ihn zu fragen, woher er plötzlich gekommen war. Er war schlicht und einfach vom Himmel gefallen für sie. „Wie geht es Ihnen, Father?", fragte Kathie. „Gut", sagte De Smet, und ein Schatten fuhr über sein Gesicht. „Und dir? Und euch?" „Auch gut!", sagte Kathie tapfer. „Wir sind jetzt beinahe so etwas wie eine große Gemeinde geworden. Mrs. White unterrichtet uns. Mr. White unterhält einen kleinen Laden. Aber was uns natürlich fehlt -" sie stockte. „Was denn?", fragte er. „Das ist eine Kirche. Ohne eine Kirche ist ein Ort natürlich nicht komplett." „Nein", sagte De Smet, „natürlich nicht." „Wir können zwar eine bauen", sagte Kathie, „aber wir haben ja keinen Priester, der mit uns die heilige Messe feiert." „Nein", sagte De Smet. Er blickte zu Boden. Kathie wußte nicht, was in ihm vorging. Um ihn aufzuheitern, sagte sie zu ihm: „Aber eine Neuigkeit kann ich Ihnen berichten! Wir haben Indianer gesehen!" „Oh", sagte er und schmunzelte ein bißchen. „Das ist ja wirklich etwas ganz Neues in einem Indianerland!" „In diesem Fall schon", sagte Kathie, „wir haben schon seit Jahren keinen einzigen Indianer mehr gesehen!" „Und wie waren sie?", fragte De Smet. „Freundlich", sagte Kathie, „der Anführer hat uns gegrüßt!" „Das ist ein gutes Zeichen", sagte De Smet. „Das meinte mein Vater auch."

„Ich habe gehört, dass das Council von Laramie nun vorbei ist", sagte Kathie vorsichtig, denn sie wollte ihn nicht mit ihren Fragen ermüden. „Ja", sagte er wortkarg. „Ich werde euch später davon erzählen." Sie spürte, dass er Ruhe brauchte. Er lehnte seinen Kopf an die Holzwand und schloss die Augen. Sie setzte sich neben ihm und schwieg.

Wenig später kamen Vater und Mutter nach Hause, die bei den Whites eingekauft hatten. Kathie spürte, dass De Smet glücklich war über den warmen Empfang, den sie ihm bereiteten.

„Das ist schon etwas, so ein Geschäft", sagte Vater stolz und hob den Korb mit den Lebensmitteln von der Kutsche herunter. „Nun können wir Sie wenigstens ordentlich bewirten!"

Sie alle gingen ins Haus und Mutter zeigte ihre Schätze. Was möchten Sie heute abends essen? Eier mit Speck und Brot, Pastete, Bohnensuppe ..." „Alles, was Sie herrichten, ist gut", sagte De Smet. „Ich überlasse alles Ihnen."

Nach dem Essen ging Mutter daran, es allen gemütlich zu machen. Sie schüttelten die rotkarierten Polster in den Ecken auf und stellte die Petroleumlampe auf den Tisch, die ein heimeliges Licht verbreitete. Dann brachte sie kleine Teller mit Crackers und Würfeln aus braunem Zucker und stellte eine große Kanne mit duftendem Tee auf den Tisch. Nachdem sie allen eingeschenkt hatte, lehnten sie sich erwartungsvoll zurück.

„Wisst ihr, was ich heute gehört habe?", fragte Vater, um die Unterhaltung anzukurbeln. „Was denn?", fragte

De Smet. „Neben den Whites soll ein kleines Hotel entstehen! Und auch eine Schmiede ist geplant. Wenn Reisende kommen, beritten, oder mit der Kutsche, werden sie Bedarf an einem Hufschmied haben, sie decken sich dann mit Lebensmitteln ein und können gleich auch hier übernachten!" Kathie freute sich, als sie das erfuhr, noch mehr aber war ihr daran zu tun, den Bericht De Smets zu hören.

„War das Konzil von Laramie erfolgreich?", fragte sie noch einmal vorsichtig. „Ja, das war es", sagte De Smet. „Und war der Aufenthalt dort gefährlich für Sie?", fragte Mutter. „Nein", sagte er, „der Aufenthalt selbst nicht, aber das Hinkommen schon. Der Staatssekretär des Inneren und der Kommissionär für Indianerangelegenheiten hatten mich ja gebeten, als Abgesandter der Regierung den Sioux Friedenvorschläge zu machen. Ich sollte gemeinsam mit den Regierungsbeamten reisen, und es ist mir auch eine hohe Belohnung in Aussicht gestellt worden.

Ich hatte aber Bedenken. Ich wollte nicht als Bote des „Weißen Vaters" kommen, der ja jetzt ihr Feind war. Ich wollte die Reise alleine machen und auf eigene Kosten, obwohl ich das Geld für meine Missionen gut hätte brauchen können. Ich bin mit einer kleinen Gruppe von Freunden losgeritten. Wir sind durch die Badlands gereist, einer Hochebene, die von riesigen Schluchten durchfurcht ist.

Als wir in der Nähe des Lagers der feindlichen Sioux waren, schickte ich vier Abgeordnete los. Ich gab ihnen Tabak mit. Das Übersenden von Tabak ist immer eine Aufforderung zur Besprechung wichtiger Dinge. Wir haben dann gewartet; mit großer Anspannung natürlich. Ein paar Tage später tauchten Reiter am Horizont auf: die Kundschafter in Begleitung von achtzehn feindlichen

Kriegern. Einer von ihnen sagte zu mir: „Black Robe, dein Tabak ist angenommen worden. Häuptlinge und Krieger erwarten deinen Besuch. Du bist der einzige Weiße, der das Lager betreten darf."

Das Lager befand sich drei Tagereisen entfernt bei der Mündung des Powder River. Eines Tages sah ich von einer Anhöhe ein paar hundert Reiter auf mich zustürmen. Ich nahm meine Friedensfahne heraus, die auf der einen Seite den Namen Jesu trägt, auf der anderen Seite das Bild der Mutter Gottes, das von goldenen Sternen umgeben ist. Die Indianer, die auf mich zugerast waren, hielten plötzlich an. Sie stutzten. Sie glaubten zuerst, das wäre das von ihnen so verhasste Sternenbanner. Vier Häuptlinge kamen dann heran und umkreisten die Fahne. Dann erkannten sie ihren Irrtum, gaben mir die Hand, und gaben auch den anderen ein Zeichen, sich zu nähern. Anschließend zogen wir gemeinsam ins Lager.

Ich bekam eine große, schöne Hütte des Dorfes angewiesen. In den nächsten Tagen hielten immer Krieger die Ehrenwache davor.

Am nächsten Tag wurde der Große Rat einberufen, um die Vorschläge der Vereinigten Staaten zu hören.

Der Große Rat wurde mit Gesängen und Tanz der Krieger eröffnet. Dann entzündete der Älteste der Häuptlinge die Friedenspfeife, brachte sie dem Großen Geist dar, der Sonne, der Erde, und den vier Himmelsrichtungen, und dann ließ er sie in die Runde gehen.

Daraufhin richtete Sitting Bull, der berühmteste der Häuptlinge, das Wort an mich: ‚Sprich, Black Robe! Unsere Ohren sind offen für alle deine Worte.'

Zuerst hob ich die Hände zum Himmel und bat den Großen Geist um Licht und Beistand. Dann erklärte ich ihnen, weshalb ich gekommen war. Ich wies auf die Gefahr hin, die der roten Rasse drohte, und schilderte die Schrecken eines blutigen Entscheidungskampfes. Ich versprach ihnen, dass der Große Vater die Indianer mit Güte behandeln wollte. Als Ersatz für die von Siedlern besetzten Landstriche würden Lebensmittel und Kleider in Überfluss geliefert werden; auch Ackergeräte und Haustiere. Auch biete ihnen der Große Vater in Washington, sich durch Schulen und Erlernen von Handwerk weiterzubilden, und das alles ohne Landabtretung.

Nach einer kurzen Beratung erhob sich dann Sitting Bull und sagte zu mir: „Black Robe hat eine lange Reise gemacht, um zu uns zu kommen. Seine Anwesenheit in unserer Mitte erfüllt uns mit Freude. Alle Worte, die er gesprochen hat, sind verständig, gut, und voll Wahrheit. Aber unsere Herzen bluten. Sie haben tausend Wunden erhalten. Alle diese Wunden sind noch offen.

Gegen unseren Willen durchschneiden die Weißen unser Gebiet mit ihren großen Straßen, bauen Festungen und pflanzen dort ihre Geschütze auf. Sie erlegen unser Wild, selbst mehr, als sie brauchen, sind grausam gegen unsere Leute, misshandeln und töten sie bei der geringsten Veranlassung. Unsere Wälder schlagen sie nieder, trotz unseres Einspruchs, und ohne eine Entschädigung. Das ist unser Boden, und wir sind fest entschlossen, nicht einen Fußbreit davon abzugeben. Hier sind unsere Väter geboren und gestorben. Hier wollen auch wir begraben werden.

Du, Bote des Friedens, heißt uns trotz allem auf eine bessere Zukunft hoffen. Gut, so sei es! Hoffen wir! Breiten wir eine Decke über das Vergangene! Einige unserer Krieger werden dich nach Fort Rice begleiten, um die

Vorschläge des Großen Vaters zu hören. Sind sie annehmbar, soll der Friede geschlossen werden."

„Das war eine wunderbare Rede!", sagte Vater ergriffen. „Ja, das war sie", sagte De Smet, „die Indianer sind großartige Redner; besonders Sitting Bull ist dafür berühmt. Bei Versammlungen, bei denen auch Weiße zugegen sind, treibt er seine Kontrahenten durch seine Beweisführung stets in die Enge, sodass man gelegentlich versucht, ihn gar nicht erst zu Wort kommen zu lassen, weil man ihm einfach nicht gewachsen ist."

„Und das sind Indianer", sagte Mutter kopfschüttelnd. „Wer hätte das gedacht."

„Und wie ging die Sache zu Ende?", fragte Kathie. „Es gab eine große Versammlung in Fort Rice, bei der 50.000 Indianer anwesend waren. Sitting Bull stellte für den Frieden drei Bedingungen: die Weißen müssten ihre Forts aufgeben, sie dürfen kein Land mehr verlangen, sie müssten die Bäume mehr schonen; besonders die Eichen.

Die Generäle gaben den Indianern das feierliche Versprechen: wenn diese die Waffen niederlegen würden, würde die Regierung ihre Rechte anerkennen, für ihren Unterhalt sorgen, und sie als Freunde behandeln."

„Der Friede mit den Sioux ist also nur Ihnen zu verdanken", sagte Vater schließlich, „die endlos lange Reise, in steter Gefahr, von den Indianern gefangengenommen und skalpiert zu werden ... so wurde Blutvergießen verhindert ... ist die Regierung sich überhaupt dessen bewusst, was Sie getan haben?"

„Ja", sagte De Smet nach einigen Augenblicken langsam. „Ja, ich glaube schon."

Eines Tages, als Kathie nach Hause kam, sah sie De Smet alleine auf der Hausbank sitzen. Er war heute nicht mitgegangen. Er war so in Gedanken versunken, dass er Kathie erst bemerkte, als sie direkt vor ihm stand. Er wollte sich erheben, aber Kathie sagte nur: „Bitte, bleiben Sie. Ich setze mich zu Ihnen."

Sie nahm neben ihm Platz und sah ihn an. „Father De Smet, haben Sie Sorgen? Was quält Sie? Es ist doch alles so gut gelaufen!"

Lange Zeit sagte er nichts. „Es ist zu Anfang alles gut gelaufen. Dann aber passierten Dinge, die ich nicht für möglich gehalten hätte."

„Was denn?", fragte Kathie leise.

„Kurze Zeit später wandte sich der Präsident dem Protestantismus zu. Ein Protestant wurde zum Vorsitzenden der Indianerangelegenheiten gewählt. Wenig später wurden die Indianermissionen aus der Hand der katholischen Kirche genommen und protestantischen Sekten übergeben. Trotz der verfassungsmäßigen Religionsfreiheit, trotz des Einspruchs der Indianer, die ihre Black Robes und keine anderen Leute verlangten, wurden die Indianer mit einem Schlag anderen Konfessionen ausgeliefert. Es kam auch so weit, daß man gelegentlich den katholischen Missionaren den Besuch in ihren früheren Missionen verbot."

„Man verbietet den Missionaren, die diese Missionen unter größtem persönlichen Einsatz und Lebensgefahr begründet haben, diese zu betreten?", sagte Kathie, starr vor Staunen.

„Ja", sagte De Smet traurig. „Das ist die Politik. Und die Indianer wehren sich heftig gegen die Protestanten.
„Warum eigentlich?", fragte Kathie. „Das sind Familien, die kommen. Der Pastor hat eine Familie. Der Jesuit hat keine. Die Indianer sind seine Familie. Sie möchten, dass er

sie betreut – und nur er; ohne Anhang. Nun kann es sein, dass sie aus den Missionen weggehen. Sie sind enttäuscht. Sie entfremden sich dem christlichen Glauben wieder, und beginnen, ihren heidnischen Praktiken anzuhängen."

„Was kann man tun?", fragte Kathie. „Es gibt etwas, das ich schon getan habe. Ich habe meinen Abschied eingereicht. Als Prokurator, und als Hochschullehrer."

„Gut", sagte Kathie kämpferisch. „Sie sind im ganzen Land bekannt. Der Same ist gesät. Ob er aufgehen wird, das liegt bei Gott."

„Du hast recht, Kathie", sagte er, „aber ein großer, ein ganz großer Wunsch von mir wird nun nicht mehr in Erfüllung gehen. Ich wollte eine Mission bei den Sioux gründen. Das geht nun nicht mehr."

Er wendete sich ihr zu, und in seinen Augen standen Tränen. „Nicht erschrecken, Kathie", sagte er leise, „ich weine leicht." Da riss es sie auf die Füße. Sie ergriff seine Hände und hielt sie fest. Sie waren rau und abgearbeitet. Dann zog sie seinen Kopf an sich heran. Er ließ es geschehen. „Ich leide mit Ihnen, Father", sagte sie. „Pierre" sagte er fast unhörbar.

„Pierre, darf ich dich beraten" sagte sie sanft. „Du bist jetzt ausgebrannt und müde. Aber du wirst wieder zu Kräften kommen. Wo immer du sein wirst, wo immer du leben wirst, du wirst ein Magnet sein! Die Leute werden kommen, um dich zu sehen, und du verkündest ihnen die Frohe Botschaft. Früher bist du zu ihnen gekommen, jetzt kommen sie zu dir."

Er blickte auf, und sie sah, wie das Leuchten in seinen Augen langsam zurückkam. „Du hast recht", sagte er, „ich lasse mich nicht unterkriegen. Es gibt schon noch ein paar Möglichkeiten. Es gibt viele Möglichkeiten."

SITTING BULL.

Eine Gemeinde entsteht

Die nächsten Tage waren Vater und De Smet wieder in Talgrund tätig, und Mutter wusste jede Menge Arbeit, um Kathie bei sich zu behalten. Nun war sie sich langsam sicher, dass es sich um eine Überraschung handelte. Sie sagte nichts, und dachte sich, dass sie diese wohl irgendeinmal erfahren würde.

Eines Tages – es war der Samstag – packte De Smet seine Tasche ein. Mutter war erstaunt, „Sie werden doch heute bei uns schlafen?" „Nein", sagte De Smet vergnügt. „Es ist doch schon etwas kalt so draußen in der Nacht!" „Das macht mir nichts", sagte De Smet. „Ich bin abgehärtet." Auch Vater machte ein listiges Gesicht. Und so war sich Kathie sicher, dass das seltsame Verhalten der beiden mit der Überraschung zusammenhing, die sie hoffentlich bald erfahren würde.

Am Sonntagmorgen zog Kathie ihr schönes Kleid an. Es war hellgrau mit kleinen roten Blümchen. Der Sonntag wurde in der Familie hochgehalten, auch wenn es keine Messe gab, in die man gehen konnte. In der Früh, mittags und am Abend wurde gemeinsam gebetet, und oft las Vater auch eine Bibelstelle vor, und sie diskutierten darüber. Am meisten liebte Kathie die Psalmen, und von diesen lag ihr Psalm 23 besonders am Herzen:

„Der Herr ist mein Hirte, mir wird nichts mangeln, er weidet mich auf grüner Au, und führt mich zu erfrischenden Gewässern. Auch wenn ich gehen muss im finsteren Tal, ich fürcht kein Unheil, denn Du bist bei mir."

Auch bereitete Mutter immer etwas Besonderes zum Essen vor. An diesem Morgen geschah alles mit einer merkwürdigen Hast, und Kathie sah, wie Vater seine Kutsche aus dem Schuppen holte und das Pferd davor spannte. „Wo fahren wir hin?", fragte Kathie erstaunt. „Das wirst du schon sehen", sagte Mutter geheimnisvoll. Dann blickte sie Kathie an. „Möchtest du nicht heute dein schönes Kleid anziehen?", fragte sie. „Das *ist* mein schönes Kleid" sagte Kathie. „Hast du denn nicht noch ein schöneres?"

Kathie hatte ein Kleid, das nur für ganz besondere Anlässe hervorgeholt wurde. Es war dunkelblau und hatte einen kleinen Spitzenkragen. „Das dunkelblaue soll ich anziehen?" „Ja", sagte Mutter warm, „zieh es an. Heute ist der richtige Tag dafür."

Auch Mutter war sehr festlich gekleidet mit einem Gewand aus brauner Wolle und Knöpfen, die wie reife Brombeeren aussahen. Vater trug seine Sonntagsjacke aus grauem Tuch.

Sie bestiegen die Kutsche und fuhren in den Talgrund hinunter. Kathies Herz klopfte. Was würde sie erwarten? Eine Geburtstagsfeier bei der Familie White? Wo war De Smet? Wurde für ihn etwas vorbereitet, an dem sie auch teilnehmen durften? Allzu aufgeregt war sie nicht, denn sie spürte, dass Vater und Mutter dem Kommenden mit Freude entgegensahen.

Bei den Whites angekommen, fuhren sie an diesen vorbei. Vater lenkte sein Gespann auf die große Wiese hinter dem Haus, und ließ sie aussteigen.

Und da sah sie es. Sie konnte ihren Augen nicht trauen. Vor ihr stand ein kleines Haus. Frisch gezimmert, und die hellen Wände leuchteten wie pures Gold. Oben hatte es einen Turm. Es war eine Kapelle!

Vor dem Haus hatten sich sämtliche Leute angesammelt, die Kathie kannte. Sie alle standen in gespannter Erwartung da. Sie entdeckte auch ein paar Gesichter, die sie noch nie zuvor gesehen hatte. Seitlich, an einen Holzpfosten angebunden, sah sie noch Pferde, und zwei weitere Kutschen.

Plötzlich öffnete sich die Türe und heraus trat – De Smet, mit einer Glocke in der Hand. Er läutete und läutete, und das Gemurmel verstummte. „Bitte hereinzukommen zu unserer ersten Heiligen Messe!", sagte er mit seiner warmen Stimme.

Ehrfurchtsvoll trat man ein. Das Kirchlein war so voll, dass sie kaum alle Platz hatten. Kathie blieb ganz hinten stehen und versuchte, ihrer Bewegung Herr zu werden. Sie wusste, was das bedeutete. Er hatte sich entschlossen, zu bleiben.

„Wenn das so weitergeht, wird er bald anbauen müssen," flüsterte Vater Mutter zu. Mutter gab ihm einen verweisenden Blick. Sie waren jetzt im Haus des Herrn, da mussten solche Kommentare verstummen.

Kathie aber wusste, dass er recht hatte. Sobald sich herumsprach, dass De Smet hier war, würden die Leute kommen, und zwar in Scharen.

Dann aber versuchte sie, sich auf die Messe zu konzentrieren. De Smet begrüßte alle sehr freundlich und begann dann mit der Heiligen Messe. Für die Predigt wählte er das Gleichnis vom Guten Hirten: „Wer in den Schafstall nicht durch die Tür hineingeht, sondern anderswo einsteigt, der ist ein Dieb und ein Räuber. Wer aber durch die Tür hineingeht, der ist der Hirt der Schafe. Die Schafe hören auf seine Stimme; er ruft die Schafe, die ihm gehören, einzeln beim Namen, und führt sie hinaus. Wenn er alle seine Schafe hinausgetrieben hat, geht er ihnen voraus, und sie folgen ihm, denn sie kennen seine Stimme. Ich bin der gute Hirte. Der gute Hirte gibt sein Leben hin für seine Schafe. Ich kenne die Meinen, und die Meinen kennen mich."

Kathie wusste, warum er dieses Gleichnis gewählt hatte. Sie verstand ihn so gut.

Nach der Messe wurde er von so vielen Leuten umringt, dass Vater, Mutter und Kathie sich auf den Heimweg machten. Das war Kathie auch recht, denn sie war wie betäubt, und ihre Knie zitterten. Er war gekommen, um zu bleiben. Sie würde ihn oft sehen können. Das war der große Wunsch, den sie schon seit Jahren hatte. Nicht warten, hoffen und bangen. Sie wusste jetzt, wo er war.

„Das war eine außerordentliche Entscheidung von ihm", sagte Mutter. „Alles so hinzuwerfen …" „Er wollte nicht mehr", sagte Vater. „Er wurde benutzt. Und jetzt ist er abgesägt worden. Die Regierung hat sich eine Menge Geld erspart. Großes Blutvergießen ist vermieden worden. – Einer so sensiblen Natur wie ihm kann man so etwas nicht antun."

„Wo wird er jetzt wohnen?", fragte Kathie, die in der Zwischenzeit ihre Sprache wiedergefunden hatte. „Hinter der Kirche ist ein kleiner Anbau; eine Art Sakristei, und dort ist auch seine Schlafstätte. Ein Bett, ein Kasten; mehr braucht er ja nicht. Später wird sicher noch einiges dazukommen, um den Raum wohnlich und gemütlich zu machen. Tisch, Sessel, Regale für seine Bücher und Schriften."

„Die Siedlung wird einen Aufschwung nehmen", sagte Mutter, „da bin ich mir sicher. Wo es eine Kirche gibt, dort wollen die Leute hin. Und noch dazu mit so einem

Priester! Ich muss sagen, ich kann mich vor Freude nicht fassen! Aus der Siedlung wird eine Ortschaft, und dann ein Städtchen mit allen Drum und Dran. Und wie wird dieses Städtchen heißen?"

„DE SMET", sagte Kathie.

Nachwort

Bei einer Reise durch Amerika lernte ich das hübsche Städtchen DE SMET in South Dakota kennen. Dort erfuhr ich, dass Jean-Pierre De Smet ein berühmter Missionar und Indianerfreund war, der im 19. Jahrhundert lebte; ein Vermittler zwischen Indianern und Weißen. Ich las viel über ihn und habe versucht, dieses interessante Leben nachzuzeichnen.

Zu den Bildern von „Grandma Moses"

Geboren 1860 im Staate New York. Sie war Farmersfrau und begann erst mit 70 Jahren Bilder zu malen, die in eindrucksvoller Weise das Leben im ländlichen Amerika schildern. Ihre Bilder sind weltberühmt.

Die Autorin

Brigitte Hoffmann-List wurde 1942 in Wien geboren. Sie studierte Germanistik sowie Ur- und Frühgeschichte. Sie ist verheiratet, hat zwei Töchter und lebt mit ihrer Familie in Alland (Niederösterreich). Ihre bisherigen Veröffentlichungen sind:

Verlag: Edition Weinviertel
- Kleines Haus in Stadlau
- Ferien in Puchenstuben
- Das Geheimnis des Bruder Wolfhelm
- Aurelia – Kinderzeit in Carnuntum

novum Verlag
- Mord im Kloster

novum VERLAG FÜR NEUAUTOREN

Der Verlag

*Wer aufhört
besser zu werden,
hat aufgehört
gut zu sein!*

Basierend auf diesem Motto ist es dem novum Verlag ein Anliegen, neue Manuskripte aufzuspüren, zu veröffentlichen und deren Autoren langfristig zu fördern. Mittlerweile gilt der 1997 gegründete und mehrfach prämierte Verlag als Spezialist für Neuautoren in Deutschland, Österreich und der Schweiz.

Für jedes neue Manuskript wird innerhalb weniger Wochen eine kostenfreie, unverbindliche Lektorats-Prüfung erstellt.

Weitere Informationen zum Verlag und
seinen Büchern finden Sie im Internet unter:

www.novumverlag.com